Rechenwege 3

Arbeitsheft

Herausgegeben von

Friedhelm Käpnick

Erarbeitet von

Mandy Fuchs
Wolfgang Grohmann
Friedhelm Käpnick
Elke Mirwald
Christine Münzel

Illustrationen von

Maja Bohn (Lucie und Detektiv)
Cleo-Petra Kurze

VOLK UND WISSEN

Was kann ich schon?

1 Große Zahlen schreiben:

2 Große Zahlen vergleichen:

3 Schwere Aufgaben rechnen:

4 Daten erfassen und Sachaufgaben lösen:

Wie viele Schultage und wie viele schulfreie Tage hast du noch bis zu den Herbstferien?

5 Strecken messen und zeichnen:

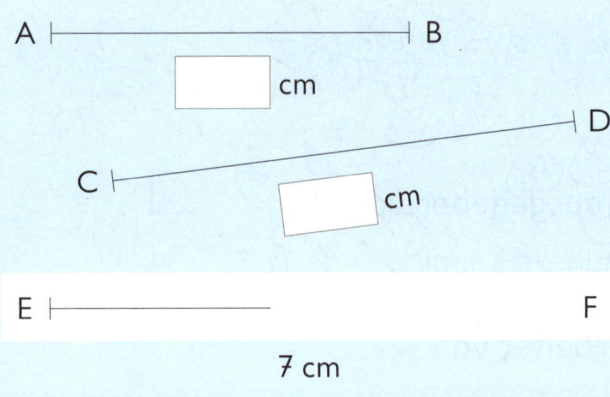

A |————————————————| B

[   ] cm

C |——————————————————| D

[   ] cm

E |——————————————————————| F

7 cm

6 Uhrzeiten ablesen und einstellen:

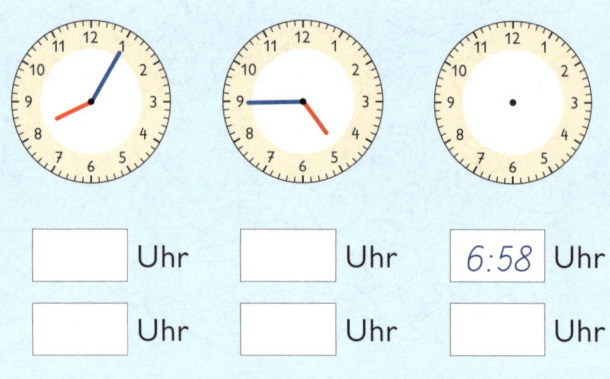

[   ] Uhr   [   ] Uhr   6:58 Uhr

[   ] Uhr   [   ] Uhr   [   ] Uhr

7 Figuren erkennen und zeichnen:

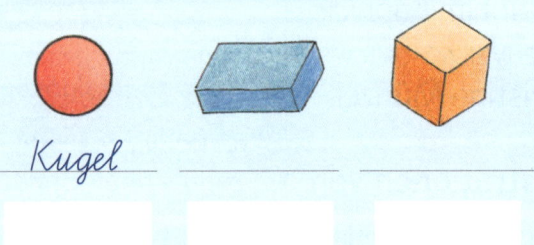

Kugel   _____   _____

Quadrat   Kreis   Rechteck

8 Knobelaufgaben lösen:

Leon hat mit drei Würfeln gewürfelt. Er addiert die gewürfelten Augenzahlen und erhält 11. Welche Zahlen kann Leon gewürfelt haben?

_____

_____

_____

Hinweise zu den Aufgaben

Finde und probiere eigene Lösungsideen!

Lerne gemeinsam mit anderen!

Übe und prüfe, was du schon kannst!

Aufgepasst! Eine schwierigere Aufgabe!

Male!

Wiederholung: Addieren und Subtrahieren

1 a)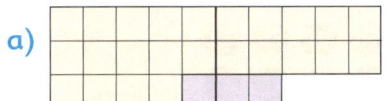

24 + 3 = ☐

b)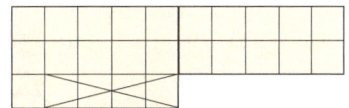

25 − 4 = ☐

c)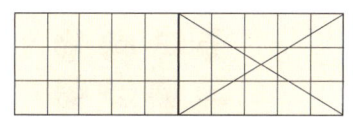

30 − 15 = ☐

2 a)

2 5 + 2 =	3 8 − 5 =
4 1 + 5 =	4 6 − 4 =
6 3 + 8 =	5 2 − 7 =
7 5 + 9 =	7 6 − 9 =

b)

3 1 + 2 3 =	7 9 − 4 4 =
2 7 + 4 8 =	4 1 − 2 9 =

3 a)

+ 36

7	
14	
28	
	76
	88
	98

b)

− 24

29	
40	
61	
	13
	58
	68

Zwischenschritte rechne ich auf einem Zettel!

c)

+	4	14	16	26	27	48
25						
35						

d)

−	3	13	15	25	36	59
74						
84						

4

+ 18   + 25   − 11   − 21

```
├┼┼┼┼┼┼┼┼┼┼┼┼┼┼┼┼┼┼┼┼┼┼┼┼┼┼┼┼┼┼┼┼┼┼┼┼┼┼┼┼┼┼┼┼┼┼┼┼┼┼┼►
0    6  10      20      30      40      50      60      70      80      90  94   100
```

8 + 1 6 + 2 5 =	9 9 − 2 6 − 1 1 =	9 9 − 4 0 + 2 9 =
1 3 + 3 4 + 4 2 =	8 6 − 5 1 − ☐ 7 =	5 3 − 3 5 + 5 7 =
4 7 + ☐ 9 + 2 9 =	7 4 − 3 8 − 2 2 =	6 8 − 5 6 + 8 1 =

5 a) <, > oder = ?

Denke mit!

4 6 + ☐ 8	◯	4 6 − ☐ 8
3 3 + 5 7	◯	5 7 + 3 3
5 4 − 1 6	◯	6 2 − 1 4
7 8 + ☐ 0	◯	7 8 − ☐ 0
2 9 + 3 5	◯	3 0 + 3 4
8 1 − 4 2	◯	2 1 + 2 1

b) Vergleiche! Wer hat mehr Geld?

Anne   ◯   Tim

c) Wie viel Cent fehlen jedem an 1 €?

_____   _____

H	Z	E
		•••

Wiederholung: Multiplizieren und Dividieren

1 a)

$3 \cdot 4 = \boxed{}$

$4 \cdot 3 = \boxed{}$

b)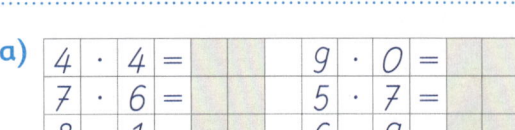

$21 : 3 = \boxed{}$

$21 : 7 = \boxed{}$

2 a)

$4 \cdot 4 =$	$9 \cdot 0 =$
$7 \cdot 6 =$	$5 \cdot 7 =$
$8 \cdot 1 =$	$6 \cdot 9 =$
$6 \cdot 6 =$	$4 \cdot 5 =$

b)

$14 : 2 =$	$100 : 10 =$
$5 : 5 =$	$56 : 7 =$
$18 : 9 =$	$81 : 9 =$
$49 : 7 =$	$0 : 40 =$

3 a) $\cdot 7$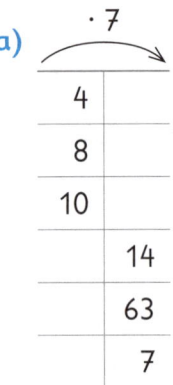

4
8
10
14
63
7

b) $: 3$

9
30
24
2
9
6

c)

·	1	3	5	7	9
5					
10					

d)

:	6	4	3	2	1
24					
36					

4 <, > oder = ?

a)

$5 \cdot 7$	◯	$5 \cdot 6$
$8 \cdot 4$	◯	$8 : 4$
$3 \cdot 9$	◯	$9 \cdot 3$

b)

$6 \cdot 1$	◯	$6 : 6$
$0 : 4$	◯	$0 : 7$
$6 \cdot 8$	◯	$4 \cdot 4$

c)

$63 : 9$	◯	$54 : 9$
$28 : 4$	◯	$28 : 7$
$10 \cdot 4$	◯	$5 \cdot 8$

Denke mit!

5 a) Schreibe Mal-Aufgaben!

$9 =$	$\cdot$	
$14 =$	$\cdot$	
$36 =$	$\cdot$	
$42 =$	$\cdot$	
$56 =$	$\cdot$	
$81 =$	$\cdot$	

b) Schreibe Geteilt-Aufgaben!

$4 =$	$:$	
$5 =$	$:$	
$6 =$	$:$	
$7 =$	$:$	
$8 =$	$:$	
$9 =$	$:$	

6 Setze immer so fort und rechne!

a)
$1 \cdot 3 = \boxed{}$
$2 \cdot 4 = \boxed{}$
$3 \cdot \boxed{} = \boxed{}$
$\boxed{} \cdot \boxed{} = \boxed{}$
$\boxed{} \cdot \boxed{} = \boxed{}$

b)
$2 \cdot 2 \cdot 2 = \boxed{}$
$2 \cdot 2 \cdot 3 = \boxed{}$
$2 \cdot 2 \cdot \boxed{} = \boxed{}$
$2 \cdot \boxed{} \cdot \boxed{} = \boxed{}$

c)
$10 : 1 = \boxed{}$
$20 : 2 = \boxed{}$
$30 : \boxed{} = \boxed{}$
$\boxed{} : \boxed{} = \boxed{}$
$\boxed{} : \boxed{} = \boxed{}$

d)
$4 : 4 = \boxed{}$
$8 : 4 = \boxed{}$
$16 : \boxed{} = \boxed{}$
$\boxed{} : \boxed{} = \boxed{}$

e) Was fällt dir an den Ergebnissen auf? Sprich mit anderen Kindern darüber!

Aufgaben mit verschiedenen Rechenarten, Teilen mit Rest

1 *Zwei Wege – ein Ziel!*

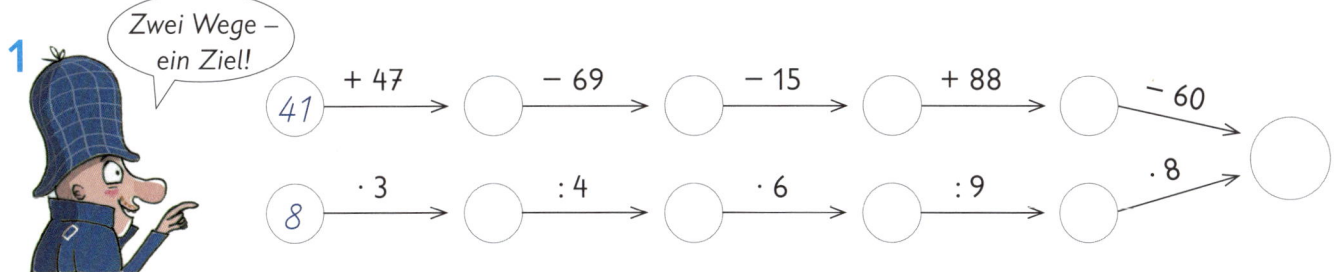

$41 \xrightarrow{+47} \bigcirc \xrightarrow{-69} \bigcirc \xrightarrow{-15} \bigcirc \xrightarrow{+88} \bigcirc \xrightarrow{-60} \bigcirc$

$8 \xrightarrow{\cdot 3} \bigcirc \xrightarrow{:4} \bigcirc \xrightarrow{\cdot 6} \bigcirc \xrightarrow{:9} \bigcirc \xrightarrow{\cdot 8} \bigcirc$

2 a)

$2 \cdot 3 + 4 = \boxed{}$

b) Lege und rechne!

7	·	4	+	2	=
5	·	2	+	3	=
3	·	8	−	7	=
6	·	5	−	5	=

3	5	+	3	·	7	=
2	6	+	4	·	4	=
4	2	−	5	·	6	=
3	6	−	6	·	3	=

L: 12, 13, 17, 18, 20, 25, 30, 42, 56

3 a)

$5 \cdot 3 + 2 \cdot 3 = \boxed{}$

b) Lege und rechne!

2	·	4	+	5	·	4	=
7	·	3	+	3	·	3	=
7	·	6	−	7	·	6	=
9	·	2	−	4	·	2	=

3	·	8	+	4	·	8	=
7	·	9	+	2	·	9	=
6	·	6	−	6	·	6	=
5	·	5	−	5	·	5	=

4 <, > oder = ?

$2 \cdot 6 + 4 \; \bigcirc \; 2 \cdot 6 + 7$	$5 \cdot 2 \cdot 3 \; \bigcirc \; 5 + 2 + 3$	$49 \; \bigcirc \; 6 \cdot 7 + 7$
$4 \cdot 3 + 9 \; \bigcirc \; 3 \cdot 4 + 9$	$9 \cdot 4 + 5 \; \bigcirc \; 4 \cdot 9 - 2$	$74 \; \bigcirc \; 8 \cdot 9 + 4$
$8 \cdot 4 + 1 \; \bigcirc \; 8 \cdot 4 - 1$	$6 + 6 \cdot 6 \; \bigcirc \; 7 \cdot 4 + 8$	$83 \; \bigcirc \; 9 \cdot 9 - 2$

5 a) Ergänze!

Monat	Wochen und Tage
September	☐ Wochen, ☐ Tage
Oktober	
November	
Dezember	

b) Ergänze!

November 2012						
Mo	Di	Mi	Do	Fr	Sa	So
			1	2	3	4
5						

c) Ergänze die Dreierfelder und addiere immer alle 3 Zahlen!

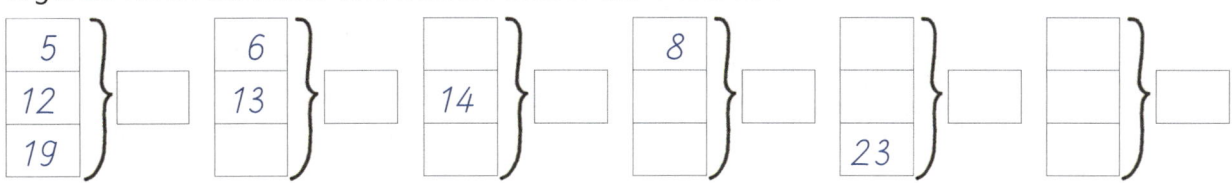

$\left.\begin{matrix} 5 \\ 12 \\ 19 \end{matrix}\right\} \boxed{}$ $\left.\begin{matrix} 6 \\ 13 \\ \end{matrix}\right\} \boxed{}$ $\left.\begin{matrix} \\ 14 \\ \end{matrix}\right\} \boxed{}$ $\left.\begin{matrix} 8 \\ \\ \end{matrix}\right\} \boxed{}$ $\left.\begin{matrix} \\ \\ 23 \end{matrix}\right\} \boxed{}$ $\left.\begin{matrix} \\ \\ \end{matrix}\right\} \boxed{}$

d) Was fällt dir an den Summen auf?

_____

Wiederholung: Gleichungen, Ungleichungen und Sachaufgaben

1 Löse und prüfe!

$18 + \boxed{} = 21$　　$27 - \boxed{} = 22$　　$4 \cdot \boxed{} = 16$　　$32 : \boxed{} = 4$

$35 + \boxed{} = 67$　　$94 - \boxed{} = 73$　　$7 \cdot \boxed{} = 63$　　$60 : \boxed{} = 10$

$\boxed{} + 20 = 45$　　$\boxed{} - 40 = 6$　　$\boxed{} \cdot 8 = 64$　　$\boxed{} : 6 = 6$

2 Gib immer die kleinste und die größte Lösungszahl an!

$37 + \boxed{} < 41$　　$64 > \boxed{} + 59$　　$3 \cdot \boxed{} < 12$　　$40 > \boxed{} \cdot 10$

$\boxed{} = \underline{\hspace{2cm}}$　　$\boxed{} = \underline{\hspace{2cm}}$　　$\boxed{} = \underline{\hspace{2cm}}$　　$\boxed{} = \underline{\hspace{2cm}}$

$82 - \boxed{} < 79$　　$92 > \boxed{} - 87$　　$24 : \boxed{} > 5$　　$8 > \boxed{} : 7$

$\boxed{} = \underline{\hspace{2cm}}$　　$\boxed{} = \underline{\hspace{2cm}}$　　$\boxed{} = \underline{\hspace{2cm}}$　　$\boxed{} = \underline{\hspace{2cm}}$

 **3**　**a)** Berechne die Summe aus 44 und 13!　　**b)** Wie groß ist das Produkt aus 9 und 4?　　**c)** Berechne die Differenz von 72 und der Hälfte von 30!

4 Welche Zahlen sind es?

1. Tipp: Es ist eine ungerade Zahl.

2. Tipp: Die Zahl ist durch 3 teilbar.

3. Tipp: Die Zahl liegt zwischen 22 und 30.

1. Tipp: Die Zahl ist kleiner als 50, aber größer als 5.

2. Tipp: Die Zahl ist durch 3 teilbar.

3. Tipp: Die Zahl ist durch 10 teilbar.

1. Tipp: Die Zahl liegt zwischen 50 und 70.

2. Tipp: Es ist eine ungerade Zahl.

3. Tipp: Die Zahl ist durch 7 teilbar.

Die Zahl ist: _____　　　Die Zahl ist: _____　　　Die Zahl ist: _____

 **5**　**a)** Lisa und Marie sind zusammen 2,80 m groß. Lisa ist aber 10 cm kleiner als Marie. Wie groß ist jedes Mädchen?

b) Finn, Max und Paul sind zusammen 99 kg schwer. Finn ist 2 kg schwerer als Max, aber 2 kg leichter als Paul. Wie schwer ist jeder Junge?

Körper, Flächen, Linien, Wege

1 Ergänze die Ansichten!

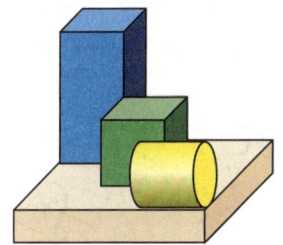

a)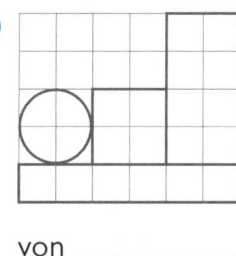

von _____

b)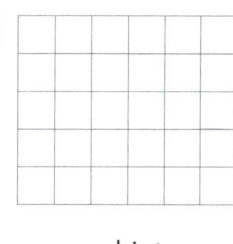

von hinten

c)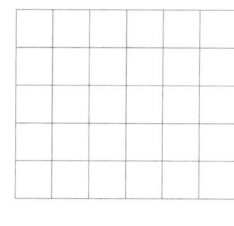

von oben

2 Welche Körper berühren sich?

Der Würfel berührt den _____

Der Quader berührt _____

Die Kugel berührt _____

Der Zylinder berührt _____

3   a) Zeichne Linien durch die Punkte, die parallel zu den gestrichelten Linien sind!

b) Zeichne Linien durch die Punkte, die senkrecht zu den gestrichelten Linien sind!

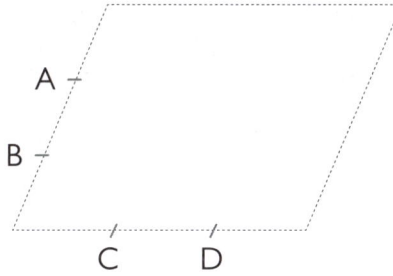

4

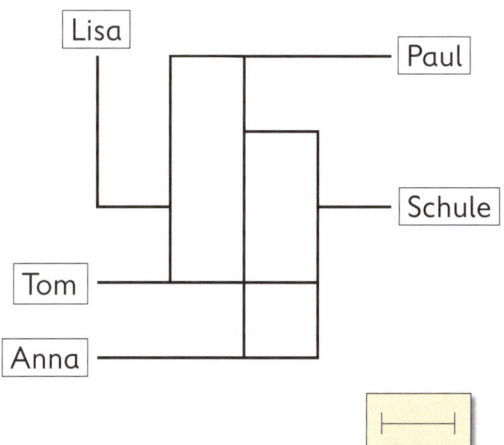

100 m

a) Lisa sagt: „Auf meinem Schulweg biege ich zuerst zweimal links ab." Zeichne Lisas Weg zur Schule rot nach!

b) Beschreibe, in welcher Reihenfolge Lisa abbiegen muss!

links, _____

_____

c) Finde andere Schulwege für Lisa! Zeichne sie nach!

d) Vergleiche, wie oft Lisa auf den einzelnen Wegen rechts und links abbiegen muss! Was stellst du fest?

_____

_____

e) Wie lang sind die kürzesten Schulwege der Kinder in Metern?

Lisa: _____ Tom: _____ Paul: _____ Anna: _____

Schätzen und Zählen

1 Wie viele Blätter sind es?

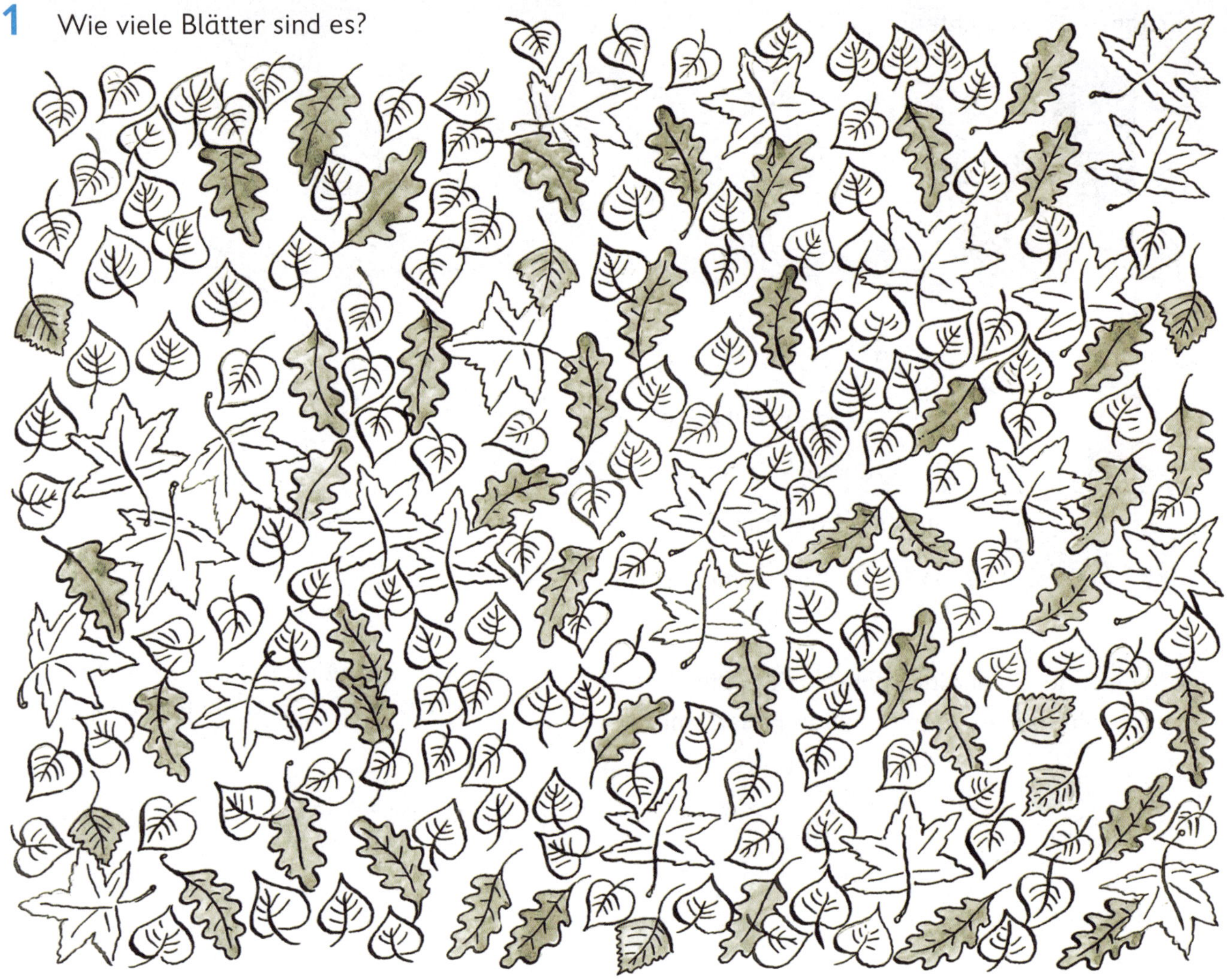

Anzahl der	Lindenblätter	Birkenblätter	Eichenblätter	Ahornblätter
geschätzt				
gezählt				
Differenz zwischen Schätz- und Zählzahl				

2 Wie viele Erbsen passen in …

	… einen Eierbecher?	… einen Trinkbecher?	… eine Tasse?
geschätzt			
gezählt			
Differenz zwischen Schätz- und Zählzahl			

Sprich mit anderen Kindern über deine Ergebnisse!

→ SB S.18

Bündeln und Entbündeln

1 **a)** Immer 10 Keksschachteln passen in einen Karton. Wie viele Kartons kannst du füllen?

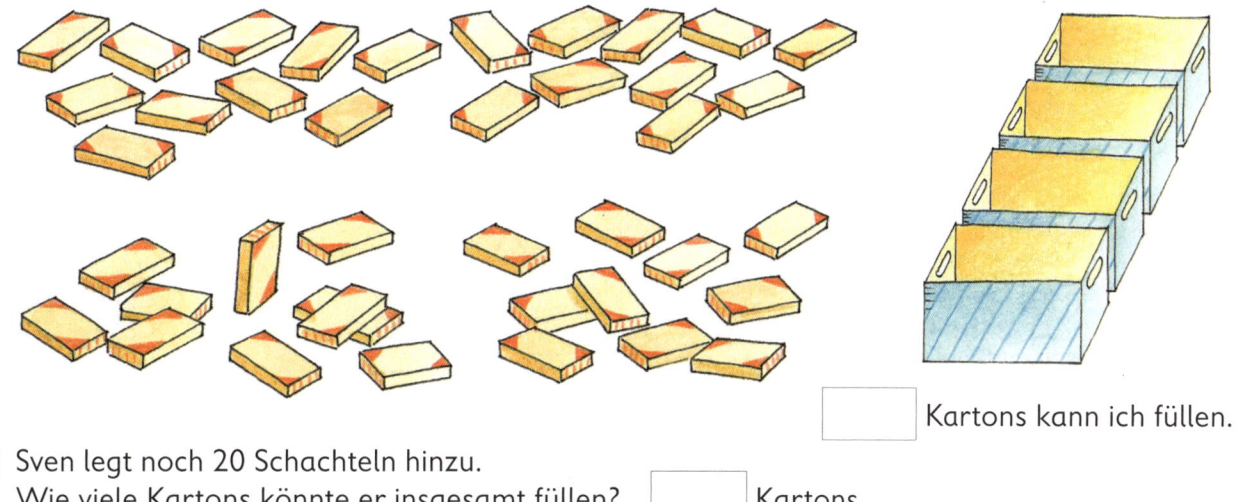

☐ Kartons kann ich füllen.

b) Sven legt noch 20 Schachteln hinzu.
Wie viele Kartons könnte er insgesamt füllen? ☐ Kartons

2 Wie viele sind es?

a)

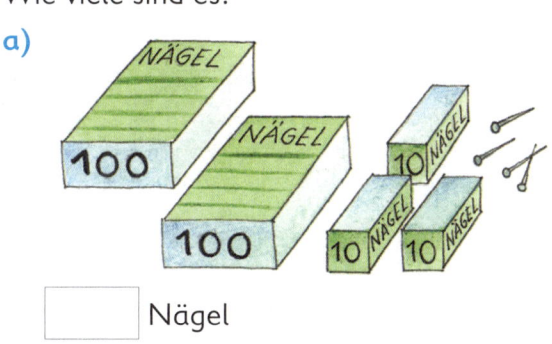

☐ Nägel

b)

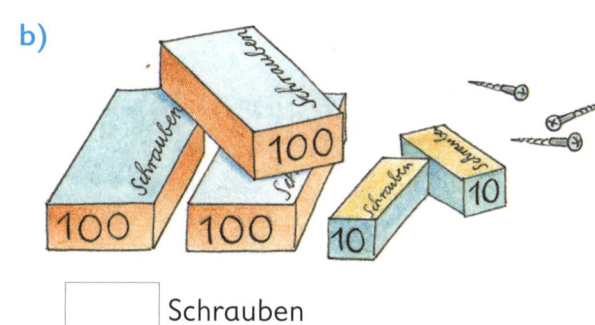

☐ Schrauben

3 Zeichne in die Figuren Muster! Zähle dann geschickt die kleinen Quadrate deines Musters!

a)

b)

☐ Quadrate deiner Figur

☐ Quadrate deiner Figur

Alle Zahlen bis 1000

1 a)

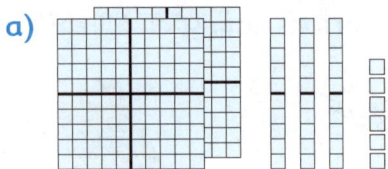 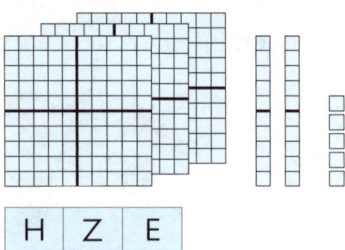

H	Z	E

H	Z	E

H	Z	E

b)

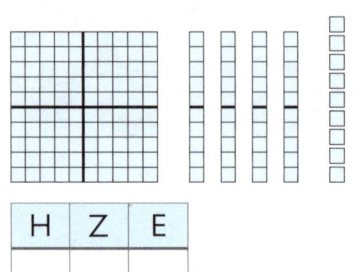 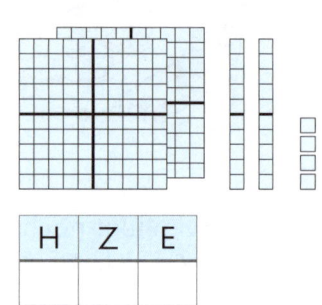

H	Z	E

H	Z	E

H	Z	E

....

2 a) Welche Zahlen hat Annika gezeichnet?

b) Zeichne auch so!

164		258		410		309

....

3 a)

T	H	Z	E	Zahl	Zahlwort
	6	7	8		
	9	0	9		
				825	
					vierhundertsiebenundfünfzig

b)

T	H	Z	E	Zahl
	::::	:.	•	
	::	:::	:	
	:::..		:::.	

c) Lara ergänzt bei der ersten Zahl einen Punkt. Welche Zahl könnte es nun sein?

_____

H	Z	E
	•	

→ **SB** S. 20/21

Zahlenstrahl und Zahlenstrich

1 a)

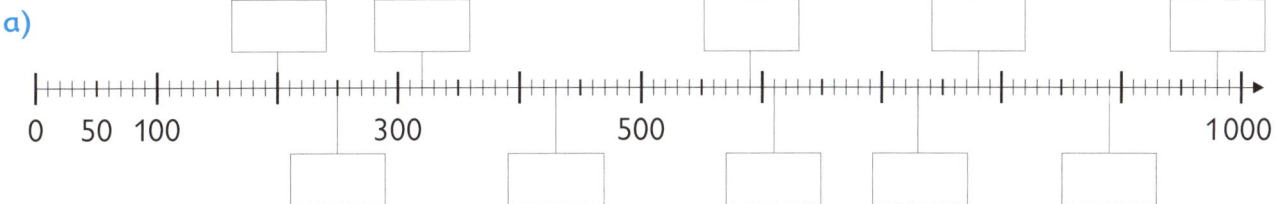

b)

Nachbarhunderter	Zahl	Nachbarhunderter
	130	
	350	
	647	
	789	
200		300
900		1000

c)

Vorgänger	Zahl	Nachfolger
	312	
	609	
	250	
	899	
799		
		500

2 a) Gehe immer in Hunderterschritten weiter!

20	120						
						890	990

b) Gehe immer in Zehnerschritten weiter!

360	370	380					
					830	840	850

3 a) Welche Zahlen könnte Ben markiert haben?

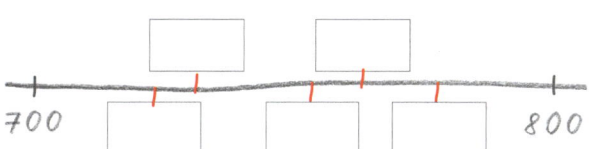

b) Zeichne Zahlenstriche mit
0, 50, 100, 150, 200,   800, 810, 850, 860, 900!

4 Ergänze!

Gerade Zahlen zwischen 800 und 810 sind: _____

Ungerade Zahlen zwischen 850 und 860 sind: _____

Zahlen auf Hunderterfeldern

1 **a)** Ergänze fehlende Zahlen!

601		603						609	
			614						
									630
				635					
						666			
	672								
	692						699		

b) „Zahlensuche"

Ein Kind wählt eine Zahl des Feldes aus und beschreibt ihre Lage im Hunderterfeld.
Ein anderes Kind nennt die Zahl.

Beispiel:
„Meine Zahl steht in der 3. Zeile und in der 4. Spalte."

Die Zahl heißt …

2 **a)** Ergänze!

Links von [614] steht [ ] .

Rechts von [657] steht [ ] .

Unter [666] steht [ ] .

Über [689] steht [ ] .

Links von [ ] steht [ ] .

Rechts von [ ] steht [ ] .

Unter [ ] steht [ ] .

b) Male den Weg auf dem Hunderterfeld ein und ergänze die Zahlen!

Starte auf dem Feld: [666]

4 Schritte nach rechts: [ ]

3 Schritte nach unten: [ ]

5 Schritte nach links: [ ]

2 Schritte nach oben: [ ]

3 Schritte nach rechts: [678]

3 Nele und Florian haben aus Hunderterfeldern Teile ausgeschnitten.
Ergänze die fehlenden Zahlen!

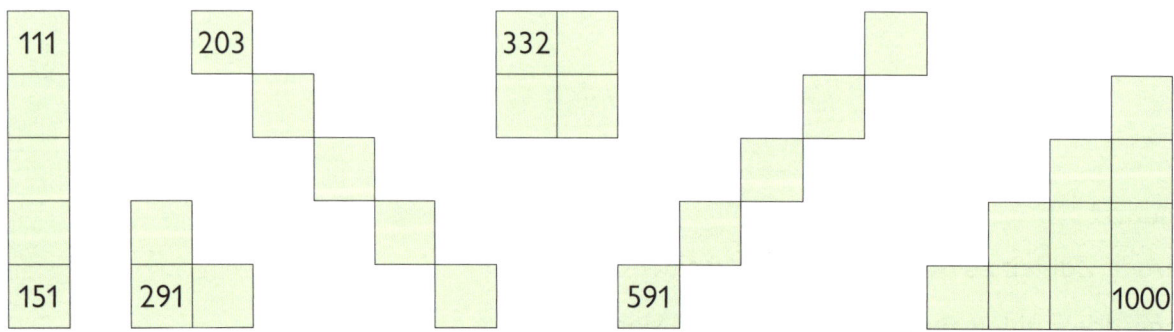

Vergleichen und Ordnen der Zahlen bis 1000

1 Vergleiche!

a) Abstimmungsergebnis zum Bau eines Spielplatzes:

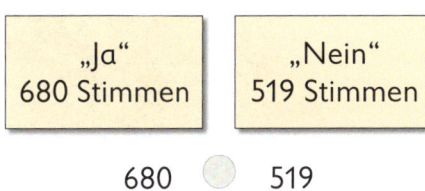

"Ja" 680 Stimmen   "Nein" 519 Stimmen

680 ◯ 519

b) Zahlen für Anmeldung zu zwei Projekten:

 Wie gut kennst du deine Stadt?

 Mein schönstes Erlebnis

216 ◯ 275

2 <, > oder = ?

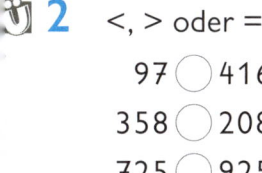

97 ◯ 416	456 ◯ 529	111 ◯ 303	624 ◯ 642
358 ◯ 208	602 ◯ 632	58 ◯ 511	868 ◯ 799
725 ◯ 925	447 ◯ 448	721 ◯ 273	476 ◯ 1000
890 ◯ 131	1000 ◯ 989	410 ◯ 401	792 ◯ 2000
416 ◯ 361	758 ◯ 761	523 ◯ 532	953 ◯ 782

3 a) Ordne!

512   69   988   713   804   152

988,

69,

b)

516   651   506   615   165

4 a) Ergänze jeweils die Tabellen der drei Erstplatzierten vom Sportfest!

Mädchen	Punkte	Platz
Lara	215	
Kim	230	
Paula	280	

Jungen	Punkte	Platz
Ben	270	
Leon	275	
Tim	245	

b) Ergänze das Schaubild: 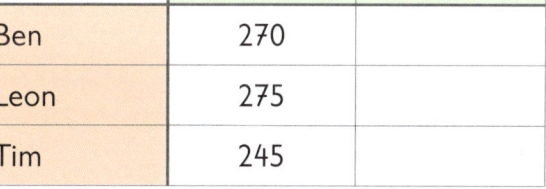 bedeutet 10 Punkte.

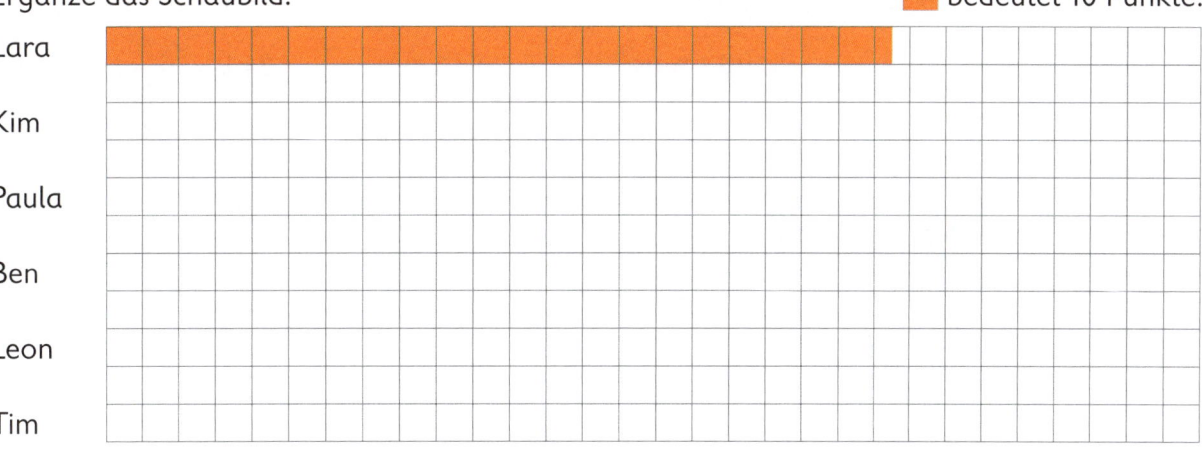

Lara

Kim

Paula

Ben

Leon

Tim

Zahlen in der Umwelt, Näherungswerte

1 Setze die folgenden Angaben passend ein:

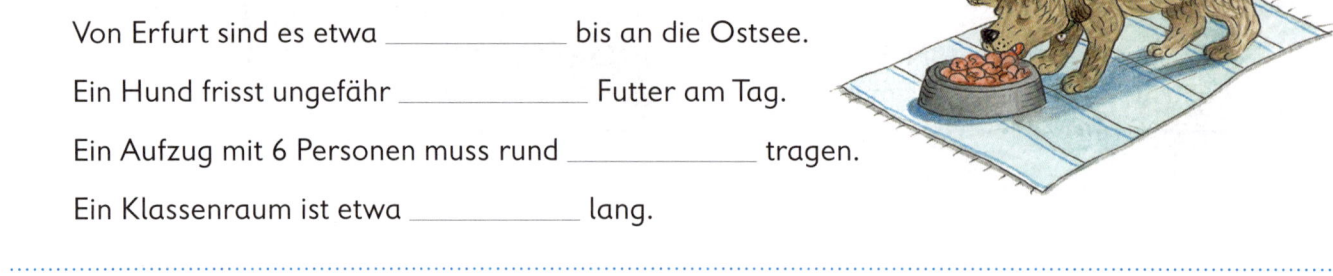

| 500 g | 500 km | 500 kg | 500 cm |

Von Erfurt sind es etwa _____ bis an die Ostsee.

Ein Hund frisst ungefähr _____ Futter am Tag.

Ein Aufzug mit 6 Personen muss rund _____ tragen.

Ein Klassenraum ist etwa _____ lang.

2 Markiere, wo die Zahlen auf dem Zahlenstrich ungefähr liegen!

a) 305 347 392 351 450 403 482 510

300   400   500

b) 600 555 750 777 823 800 950 998

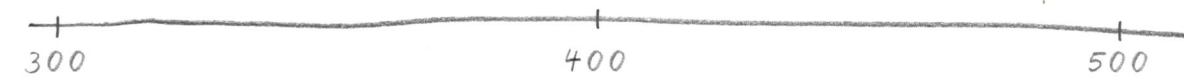

500   1000

3 a) Bilde aus den Ziffern 2, 5 und 6 verschiedene dreistellige Zahlen!

_____

b) Markiere die ungefähre Lage der Zahlen auf dem Zahlenstrich!

0   1000

4 a) Gib die nächstgelegene Zehnerzahl an!   **b)** Gib die nächstgelegene Hunderterzahl an!

68 ≈	259 ≈	498 ≈		412 ≈	566 ≈	111 ≈
36 ≈	327 ≈	396 ≈		447 ≈	649 ≈	333 ≈
71 ≈	912 ≈	204 ≈		489 ≈	789 ≈	444 ≈
93 ≈	492 ≈	903 ≈		471 ≈	811 ≈	555 ≈
45 ≈	665 ≈	699 ≈		451 ≈	239 ≈	666 ≈

5 Gib passende Näherungswerte an!

a) Der Verein der Vogelzüchter stellte 148 Vogelarten aus. _____

b) Auf der Messe stellten 52 Reiseveranstalter ihre Produkte aus. _____

c) Auf dem Flohmarkt verkauften 234 Händler ihre Waren. _____

Geldbeträge bis 1000 Euro

1 Familie Müller hat eingekauft. Im Einkaufswagen liegen Waren mit folgenden Preisen:

199 €   9,97 €   128,61 €   95 ct   24 € 50 ct   199 ct   25,40 €

a) Lege jeden Betrag mit Rechengeld nach!

b) Ordne die Preisangaben vom größten bis zum kleinsten Geldbetrag!

c) Schreibe Beispiele zu den Preisen auf!

_____

_____

_____

2 a) Ergänze so, dass es immer 500 Euro sind! Schreibe auf!

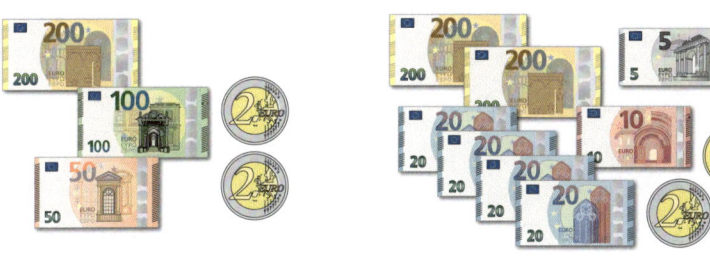

354 € + ⬚ = 500 €   ⬚ + ⬚ = 500 €   ⬚ + ⬚ = 500 €

b) Gib Möglichkeiten an, wie ein 500-Euro-Schein gewechselt werden kann!

200 €	100 €	50 €	20 €	10 €	5 €	2 €	1 €
2	1	–	–	–	–	–	–

3 a) Überlege, wie viel Geld Brunos Vater in seinem Geldbeutel haben kann!

Ich habe 5 Scheine.

Wie viel Geld hat er höchstens? _____

Wie viel Geld hat er mindestens? _____

b) Du hast ⬚ Scheine.   Wie viel Geld hast du höchstens? _____

Wie viel Geld hast du mindestens? _____

Einheiten der Länge

1 Schätze, wie lang die Gegenstände in Wirklichkeit sind! Miss anschließend die Länge!

Schätzt und messt weitere Gegenstände!

Gegenstand	geschätzt	gemessen

2 Zeichne frei Hand Strecken, die 5 cm, 10 cm und 3 cm lang sind! Miss und vergleiche!

3 Schreibe mit zwei Einheiten!

a) 625 cm = [ ] m [ ] cm

456 cm = [ ]

340 cm = [ ]

780 cm = [ ]

304 cm = [ ]

b) 85 cm = [ ] m [ ] cm

45 cm = [ ]

50 cm = [ ]

5 cm = [ ]

12 cm = [ ]

c) 8,65 m = [ ] m [ ] cm

9,25 m = [ ]

3,40 m = [ ]

5,60 m = [ ]

2,07 m = [ ]

4 Schreibe mit Komma!

a) 234 cm = [ ]

345 cm = [ ]

569 cm = [ ]

456 cm = [ ]

b) 67 cm = [ ]

83 cm = [ ]

90 cm = [ ]

30 cm = [ ]

c) 300 cm = [ ]

3 cm = [ ]

5 cm = [ ]

1 cm = [ ]

5 Vergleiche die Längenangaben!

a) 200 cm ◯ 150 cm   57 cm ◯ 75 cm

230 cm ◯ 203 cm   17 cm ◯ 71 m

590 cm ◯ 590 m   60 cm ◯ $\frac{1}{2}$ m

b) 750 cm ◯ 1 m 59 cm   1 m 95 cm ◯ 5 m 91 cm

225 cm ◯ 2 m 25 cm   3 m 67 cm ◯ 7 m 36 cm

$\frac{1}{4}$ m ◯ 25 cm   1 m 20 cm ◯ 102 cm

→ **SB** S. 32/33

1 Suche und schreibe Gegenstände auf, die folgende Längen haben können!

kleiner als 1 dm	
zwischen 1 dm und 2 dm	
zwischen 2 dm und 3 dm	
zwischen 3 dm und 4 dm	
zwischen 5 dm und 1 m	

2 Zeichne Strecken in folgenden Längen!

$\overline{AB}$ = 1 dm

$\overline{CD}$ = 9 cm 3 mm

$\overline{EF}$ = 1 dm 4 cm

$\overline{GH}$ = 1 dm 2 cm 3 mm

3 Wandle um!

a) 1 dm = ☐ cm   b) 30 cm = ☐ dm   c) 35 cm = ☐ dm   d) 34 cm = ☐ m

  4 dm = ☐ cm   50 cm = ☐ dm   54 cm = ☐ dm   34 mm = ☐ cm

4 Ordne die Längenangaben! Beginne mit der kleinsten!

a) 150 m, 150 km, 150 mm, 150 cm _____

b) 0,5 km, 500 km, 550 m, 50 km _____

c) 237 m, 372 km, 327 m, 732 km _____

5 Ergänze!

a) 500 m + ☐ = 1 km   250 m + ☐ = 1 km   1 m + ☐ = 1 km

b) 100 m + ☐ = $\frac{1}{2}$ km   320 m + ☐ = $\frac{1}{2}$ km   5 m + ☐ = $\frac{1}{2}$ km

6 a) Paul wird täglich von seiner Mutter mit dem Auto zur 2 km entfernten Schule gefahren. Wie viel Kilometer sind das hin und zurück in einer Woche? Wie viel Kilometer sind es ungefähr in einem Schuljahr?

b) Miss die Länge des Weges von deinem Zimmer bis ins Bad! Wie oft gehst du diesen Weg täglich? Wie viel Meter sind das in einer Woche?

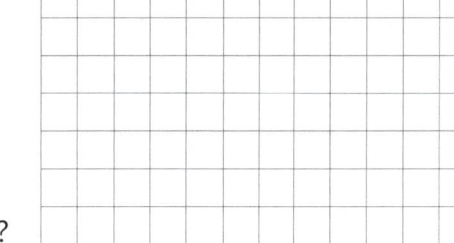

Üben von Station zu Station

Station 1 Zahlbilder

a)
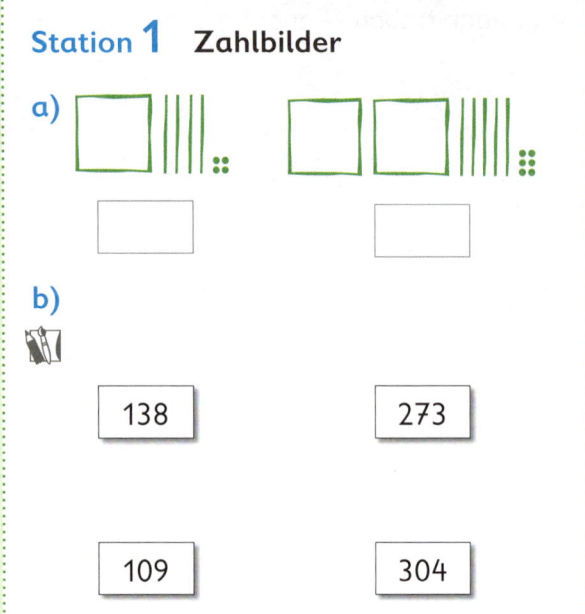

b) 📑

| 138 | 273 |
| 109 | 304 |

Station 2 Zahlen vergleichen

a) <, > oder = ?

628 ◯ 735   543 ◯ 534

842 ◯ 291   456 ◯ 458

716 ◯ 89   642 ◯ 634

b) Ordne!

128   715   281   157   185

_____

Station 3 Zahlenstrahl

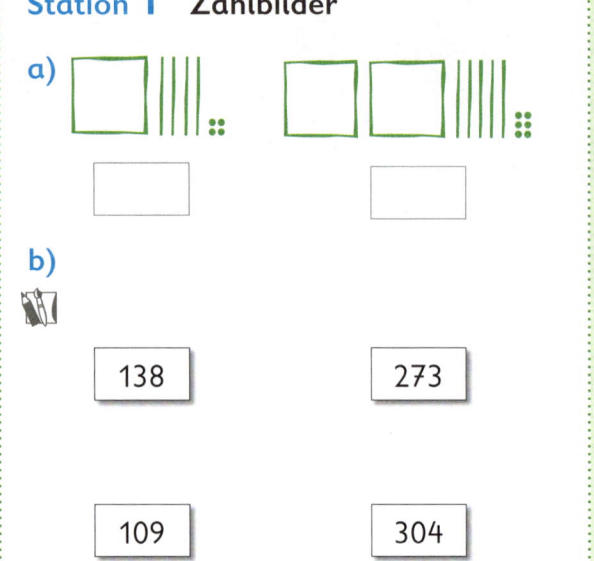

1000

500

100

0

300

250

205

210

200

Station 4 Punkte, Strecken

a) 📑 Verbinde jeden Punkt mit jedem anderen durch eine Strecke!

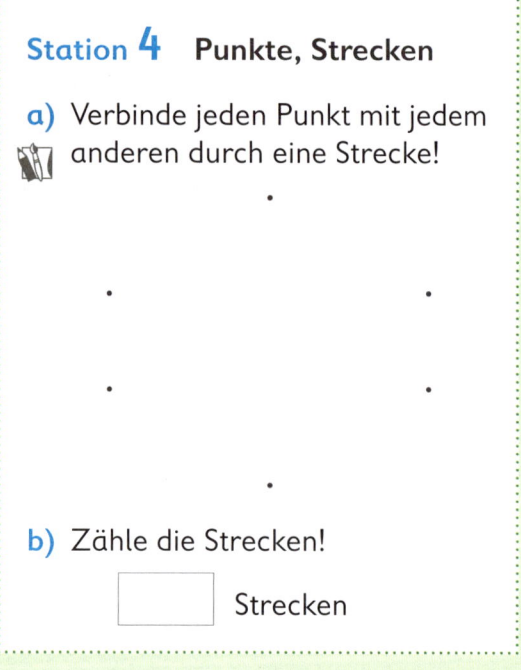

b) Zähle die Strecken!

[　　] Strecken

Station 5 Geld

a)
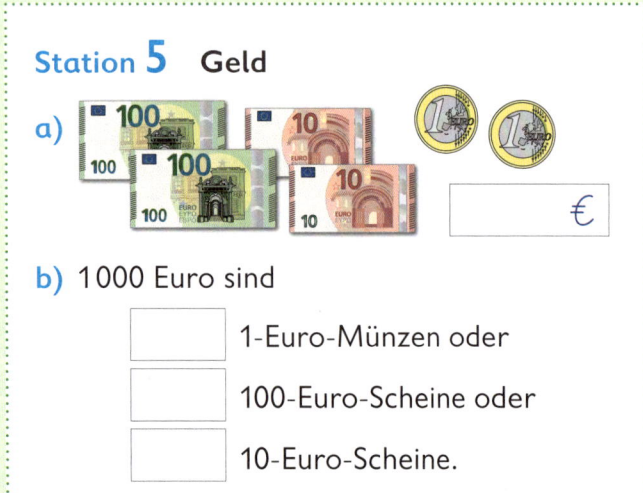

[　　　　] €

b) 1000 Euro sind

[　　] 1-Euro-Münzen oder

[　　] 100-Euro-Scheine oder

[　　] 10-Euro-Scheine.

Station 6 Schätzen und Messen

	geschätzt	gemessen
Breite der Schultür		
Höhe der Schultür		
Höhe des Klassenzimmers		
Länge des Klassenzimmers		

Das kann ich schon!

1 a)

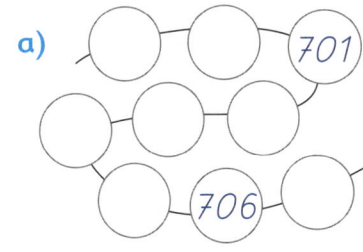

b) Zähle in Zweier-Schritten!

537, ____ , ____ , ____ , ____

____ , ____ , ____ , 402, 404

c) Entdecke die Zählregel!

642, 645, 643,
646, 644

immer: _____

---

2 a)

H	Z	E

b) $659 = 6H + 5Z + 9E$

308 = _____

799 = _____

280 = _____

555 = _____

c) Ergänze!
Immer wenn eine Zahl
0 Einer und 0 Zehner
hat, ist es eine

_____

---

3 a) <, > oder =?

376 ◯ 376

68 ◯ 680

898 ◯ 989

654 ◯ 546

b)

Name	Punkte	Platz
Ole	199	
Tom	237	
Ben	223	

c) Bilde aus ⎡4⎤ , ⎡5⎤ , ⎡6⎤

dreistellige Zahlen!
Ordne nach der Größe!

_____

_____

---

4 a)

_____ €

b) Wechsle einen
200-Euro-Schein!

100 €	50 €	20 €
1		

c) 900 Euro sind

☐ 100-Euro-Scheine

oder

☐ 10-Euro-Scheine

oder

☐ 50-Euro-Scheine.

---

5 a) Wandle um!

10 cm = _____ mm

2 m = _____ cm

50 mm = _____ cm

600 cm = _____ m

b) Ergänze!

1 m	7 m	
10 dm		
100 cm		900 cm
1000 mm		

c) Was ist gleich?
Verbinde und begründe!

| 5 km | | 500 m | | 0,5 km |

| 5000 m | | 50 m | | $\frac{1}{2}$ km |

| 0,05 km |

Mündliches Addieren und Subtrahieren bis 1000

1 Rechne mit deinem Rechenweg!

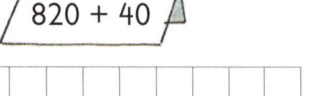 820 + 40

349 + 7

456 + 28

560 – 50

673 – 8

782 – 62

2

a) 600 + 300 =

800 – 200 =

967 – 700 =

588 + 200 =

b) 530 + 40 =

690 – 60 =

220 + 80 =

850 – 40 =

c) 367 + 9 =

551 – 8 =

973 – 5 =

684 + 7 =

L: 265, 267, 300, 376, 393, 495, 543, 570, 600, 630, 691, 699, 707, 730, 732, 788, 800, 810, 835, 900, 968

d) 458 + 37 =

878 – 43 =

237 + 28 =

793 – 63 =

e) 788 – 56 =

738 + 62 =

776 – 69 =

354 + 39 =

Welche Aufgaben konntest du leicht lösen? Warum?

3 Bilde selbst leichte und schwere Aufgaben!
Rechne!

leichte Aufgaben

schwere Aufgaben

300 564 600
490 153 280
786 1000

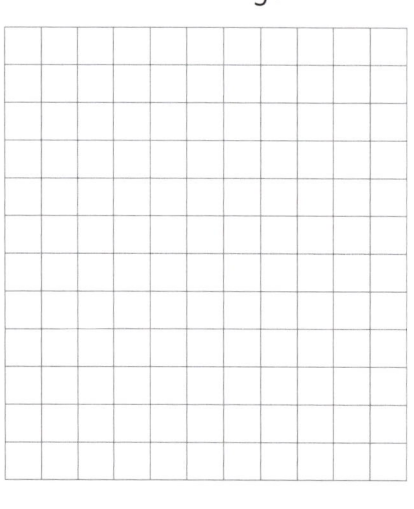
8 500 700
19 28 4 80
30 48 9 200

→ SB S.42/43

Rechenmuster, Rechenrätsel, Rechentabellen

1 a)

3	7	6	−	2	0	0	= **1 7 6**
5	7	7	+			8	=
3	8	5	−			9	=
6	7	6	−		9	9	=
5	8	5	−	2	0	0	=
1	**7**	**6**	+	5	0	0	=

b)

4	6	8	+		3	0	=
6	9	8	−		7	2	=
4	**9**	**8**	−	4	0	0	=
6	2	6	+		4	2	=
	9	8	+	6	0	0	=
6	6	8	−	2	0	0	=

2 Rechne! Setze so fort! Was stellst du fest?

a)

1 6 0 + 2 0 0 =	
2 6 0 + 2 0 0 =	
3 6 0 + 2 0 0 =	

b)

8 9 0 − 7 0 =	
8 8 0 − 6 0 =	
8 7 0 − 5 0 =	

c)

3 7 4 − 8 =	
3 6 4 − 8 =	
3 5 4 − 8 =	

3 Entdecke die Regel und setze immer fort!

a)

347	353	359								425

b)

980	960	940								720

c)

492	484	476								388

4

a) *Wenn ich von meiner Zahl 300 subtrahiere, erhalte ich 580.*

b) *Ich denke mir eine Zahl und addiere 80. Meine Summe ist nun 790.*

c) *Addiere zu 200 die Differenz der Zahlen 670 und 50!*

_____   _____   _____

_____   _____   _____

5

a)

+	200	350		
300			380	
640				687
			444	

b)

−	300	450		
700			630	
950				903
			750	

Gleichungen, Ungleichungen, Rechnen mit Längen

1 a)

$620 + \boxed{} = 690$

$870 - \boxed{} = 830$

$\boxed{} + 50 = 300$

$\boxed{} - 30 = 770$

b)

$539 + \boxed{} = 581$

$672 - \boxed{} = 636$

$\boxed{} + 8 = 419$

$\boxed{} - 7 = 946$

c)

$300 + \boxed{} = 671$

$\boxed{} + 238 = 938$

$698 - \boxed{} = 298$

$\boxed{} - 500 = 173$

L: 36, 40, 42, 70, 250, 371, 400, 411, 673, 688, 700, 800, 953

2 a) + 200

700	
356	
	1000
	891

b) − 40

660	
980	
	260
	550

c) + 76

424	
219	
	600
	999

d) − 42

564	
151	
	342
	600

L: 109, 295, 300, 384, 500, 522, 524, 556, 590, 620, 642, 677, 691, 800, 900, 923, 940

3 Gib immer die kleinste und die größte Lösungszahl an!

$337 + \boxed{} < 344$

$\boxed{} =$ _____

$652 - \boxed{} > 648$

$\boxed{} =$ _____

$491 + \boxed{} < 500$

$\boxed{} =$ _____

$763 - \boxed{} > 758$

$\boxed{} =$ _____

$533 - \boxed{} > 532$

$\boxed{} =$ _____

$\boxed{} + 989 < 1000$

$\boxed{} =$ _____

4 Jeweils zwei Entfernungen auf den Verkehrsschildern ergeben 1000 km.
Wie findest du sie schnell heraus? Male sie in der gleichen Farbe aus!

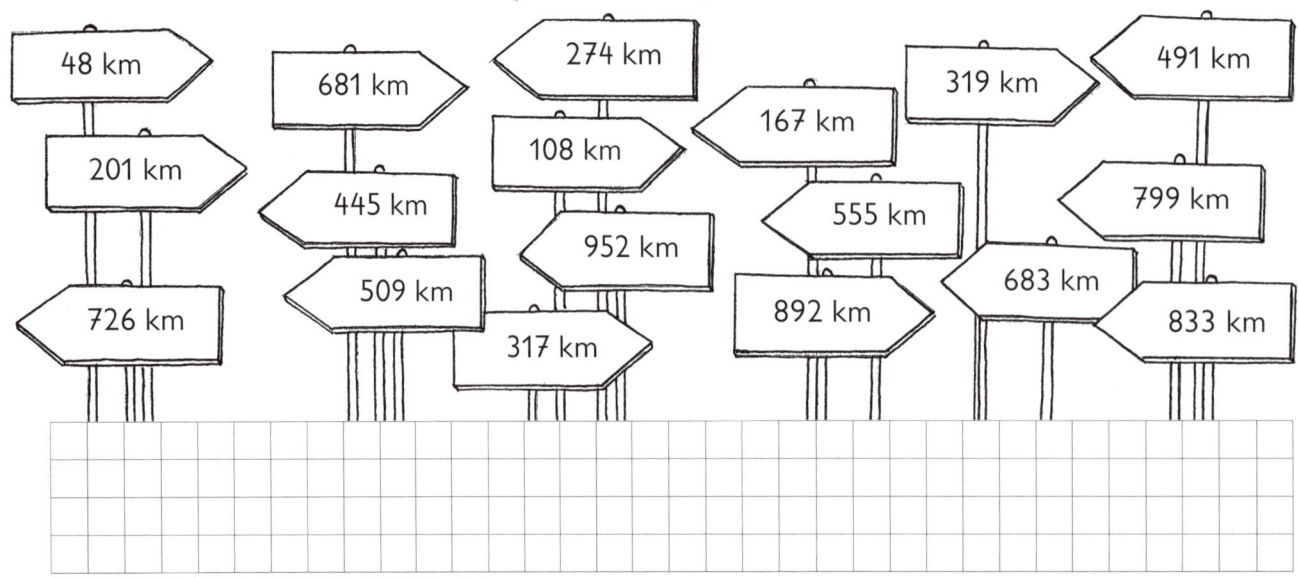

→ SB S. 46/47

Kilogramm und Gramm

Mit diesen Zutaten kannst du einen leckeren Obstsalat zubereiten.

1 Schätze zuerst das Gewicht! Prüfe dann mit der Waage!

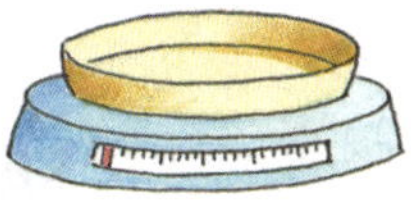			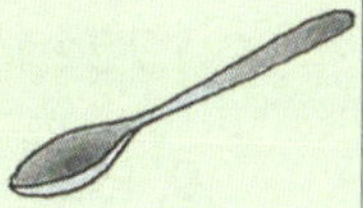	
Zucker	geschätzt	g	g	g
	gewogen	g	g	g
Beeren oder anderes Obst	geschätzt	g	g	g
	gewogen	g	g	g
Nüsse	geschätzt	g	g	g
	gewogen	g	g	g

2 a) Wähle immer zwei oder drei Nahrungsmittel aus, die du gern essen würdest! Bestimme ihr Gesamtgewicht!

1 Ei	55 g
1 Brötchen	45 g
1 Scheibe Toastbrot	25 g
1 Scheibe Knäckebrot	10 g
1 Scheibe Mischbrot	45 g
1 Scheibe Vollkornbrot	50 g
1 Scheibe Käse	25 g
1 Portion Wurst	30 g
1 Apfel	125 g
1 Tomate	65 g
1 Möhre	100 g
1 Kugel Eis	30 g

b) Prüfe, was Maria gewählt hat, und rechne!

30 g + 25 g + 100 g
125 g + 45 g + 25 g
10 g + 30 g + 65 g
55 g + 50 g + 125 g

c) Wie schwer ist dein Schulfrühstück?
Vergleiche anschließend mit dem Frühstück deines Nachbarn!

3 Kann das stimmen? Begründe jeweils!

Wie viel isst du täglich?

Tim isst im Jahr 36 kg 500 g Vollkornbrot.
ja ◯ nein ◯

Lina isst im Jahr 73 kg Obst und Gemüse.
ja ◯ nein ◯

Toni isst 315 g Brötchen in der Woche.
ja ◯ nein ◯

Ali isst im Jahr 2 kg 860 g Ei.
ja ◯ nein ◯

Kai isst in einer Woche 875 kg Äpfel.
ja ◯ nein ◯

Nina isst 500 g Zucker in der Woche.
ja ◯ nein ◯

Kilogramm und Gramm

1 a) Schreibe mit Komma!

1250 g = ▢ kg

750 g = ▢ kg

25 g = ▢ kg

4 g = ▢ kg

400 g = ▢ kg

b) Schreibe ohne Komma!

1,721 kg = ▢ g

0,456 kg = ▢ g

0,039 kg = ▢ g

1,008 kg = ▢ g

0,205 kg = ▢ g

2 Vergleiche!

a) 5,842 kg ◯ 1841 g

248 g ◯ 0,428 kg

0,5 kg ◯ 500 g

70 g ◯ 0,090 kg

0,005 kg ◯ 500 g

b) 4 g ◯ 0,004 kg

999 g ◯ 909 g

0,002 kg ◯ 2 kg

700 g ◯ 7 kg

61 g ◯ 6100 g

Welche Aufgaben fallen dir leicht, welche fallen dir schwer?

3 Ordne!

| 0,5 kg | 206 g | $\frac{1}{2}$ kg | 39 g | 750 g | $\frac{1}{4}$ kg | 12 kg |

4 Rechne!

a) 5 · 5 kg + 25 kg = ▢ kg

8 · 7 kg + 14 kg = ▢ kg

9 · 5 kg + 45 kg = ▢ kg

6 · 9 kg − 24 kg = ▢ kg

4 · 8 kg − 22 kg = ▢ kg

b) 24 kg : 3 + 12 kg = ▢ kg

36 kg : 6 + 54 kg = ▢ kg

72 kg : 8 + 81 kg = ▢ kg

7 · 7 kg − 48 kg = ▢ kg

8 · 6 kg − 18 kg = ▢ kg

L.: 1, 10, 20, 30, 30, 40, 50, 60, 70, 90, 90

5 Ergänze die Einheiten oder die Zahlenwerte!

| 1 Tüte Zucker |
| 1000 ___ |

| 1 Möhre |
| etwa ___ *kg* |

| 1 Tüte Salz |
| 500 ___ |

Linus ist 31,3 ▢ schwer.

| 2 Bananen |
| 0,400 ___ |

| 1 Tafel Schokolade |
| ___ *g* |

| 1 Apfel |
| etwa ___ *kg* |

H	Z	E
	••	••••

→ SB S. 48/49

Liter

1 **a)** Schätze und prüfe, wie oft du jedes Gefäß füllen musst, um 1 l Wasser zu erhalten!

geschätzt					
geprüft					

b) Vergleiche dann deine geschätzten Ergebnisse mit den geprüften Ergebnissen!

2 Finde verschiedene Möglichkeiten, den Wassereimer zu füllen!
Nutze unterschiedliche Gefäße!

5 l	2 l	1 l	$\frac{1}{2}$ l	$\frac{1}{4}$ l
1	–	4	2	–

3 Schätze, wie viele Eimer Wasser es sein könnten!

Eimer	Eimer	Eimer	Eimer

Ungefähr die Hälfte deines Körpergewichts ist Wasser!

4 Ein Afrikanischer Elefant trinkt am Tag etwa 150 l Wasser.
Ein erwachsener Mensch sollte täglich $2\frac{1}{2}$ l Wasser trinken.
Wie viele Tage benötigt ein Mensch, um auf die tägliche Wassermenge eines Elefanten zu kommen?

Wie viele? Welche? Wie oft?

1

a) Auf wie viele verschiedene Arten kann sich Laura anziehen? Male aus!

b) Du kannst die Lösung auch mit einem Baumdiagramm finden! Ergänze das Baumdiagramm!

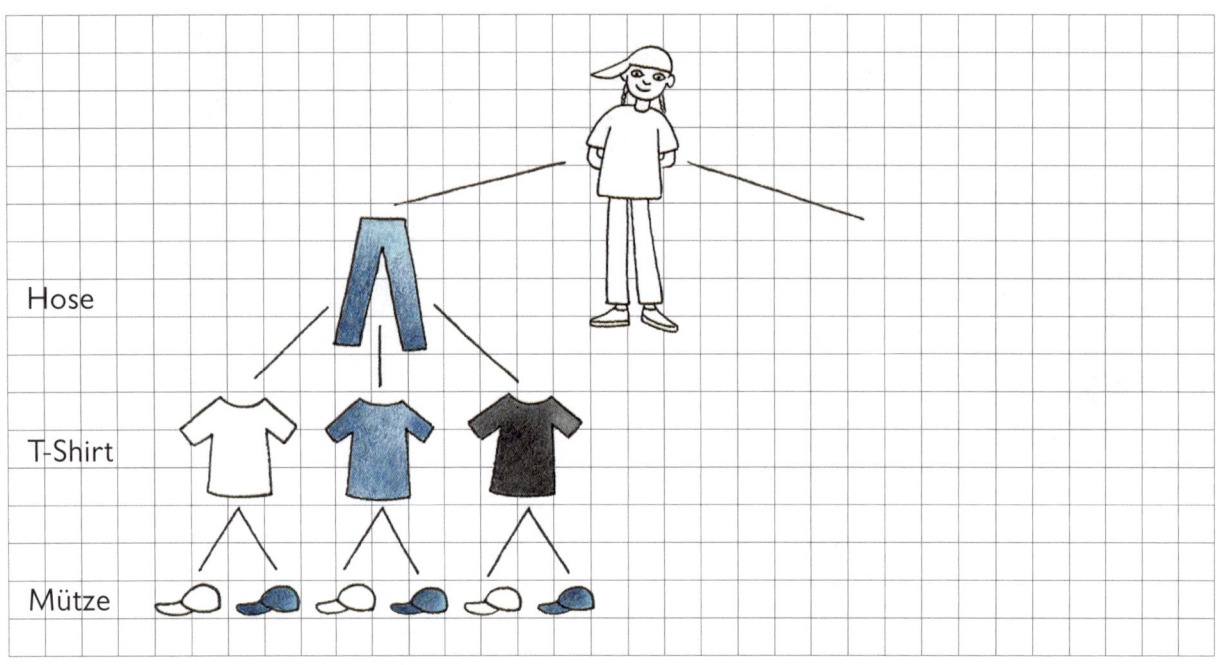

Hose

T-Shirt

Mütze

2 a) Rena, Max, Anna, Laura, Bruno und Tomi treffen sich auf dem Schulweg. Sie geben sich zur Begrüßung die Hand. Wie viele Handschläge sind es?

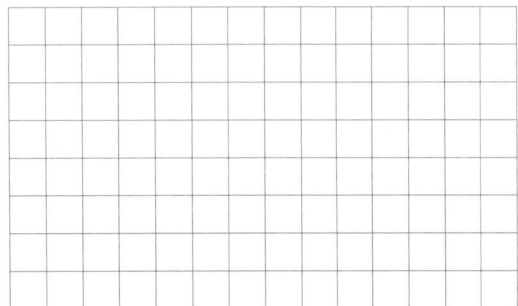

b) Wie viele Kinder trafen sich, wenn sich die Kinder insgesamt 21-mal die Hände gegeben haben?

→ SB S.53

Halbschriftliches Addieren und Subtrahieren bis 1000

1 Rechne mit deinem Rechenweg!

a) 290 + 40   386 + 77   320 + 640
   810 − 30   531 − 53   970 − 810

b) 270 + 460   234 + 642   367 + 291
   840 − 380   759 − 327   525 − 348

L: 160, 177, 199, 330, 432, 460, 463, 478, 658, 730, 780, 876, 960

2 Rechne! Versuche, wenige Zwischenschritte aufzuschreiben!

2 9 0 + 5 0	5 1 7 − 3 9	2 7 0 + 4 5 6
6 4 0 − 6 0	4 2 0 + 3 7 0	7 3 0 − 3 7 5
4 7 3 + 9 6	9 8 0 − 2 4 0	6 3 4 − 1 8 0
8 2 4 − 5 6	3 7 2 + 4 3 0	5 4 0 − 2 8 0

3 Ein Kind nennt eine dreistellige Zahl.

Das andere Kind ergänzt zur nächsten Hunderterzahl.

Wer richtig ergänzt hat, darf das Feld mit der errechneten Hunderterzahl ausmalen.

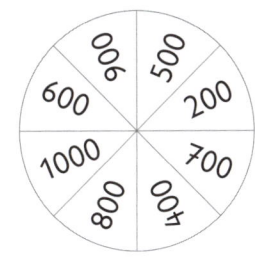

plus 78

322

→ SB S.54/55

Rechenmuster und Rechentricks

1 Rechne mit Pfiff! Achte auf nicht lösbare Aufgaben!

a)
2	4	6	+	3	9	9				
1	9	8	+	4	0	2				
	9	9	+	7	3	8				
3	0	5	+	4	9	5				
6	9	9	+		9	9				

b)
6	2	8	–		9	9				
9	4	6	–	3	9	9				
5	9	9	–		8	2				
5	9	8	–	8	3	2				
3	9	9	–	2	0	1				

2 Lucie hat besondere Aufgabenpaare zusammengestellt. Rechne! Was entdeckst du?
Ergänze immer die letzte Aufgabe!

a) 286 + 28 = ☐   579 + 46 = ☐   395 + 38 = ☐

   228 + 86 = ☐   546 + 79 = ☐   _____

b) 970 – 380 = ☐   640 – 85 = ☐   782 – 240 = ☐

   970 – 590 = ☐   640 – 555 = ☐   _____

c) Stelle selbst besondere Aufgabenpaare zusammen und rechne!

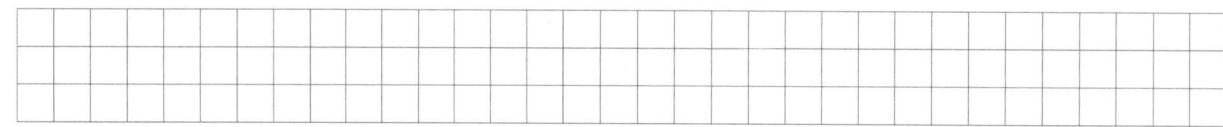

3

Woher kennst du dieses Zahlenfeld?

302	303	304
312	313	314
322	323	324

302, 313 und 324 liegen auf einer Diagonalen.

Berechne die Summe der Zahlen

a) jeder Zeile,

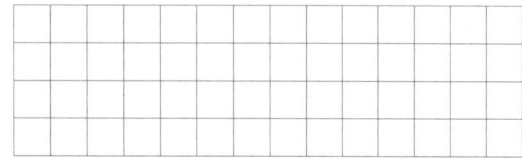

b) jeder Spalte,

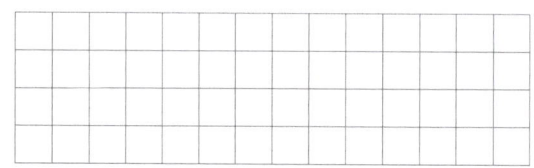

c) beider Diagonalen!

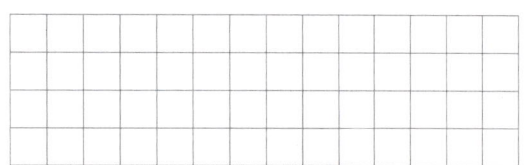

d) Mit welchen 3 Zahlen kannst du auch die Summe der 3 Zahlen einer Diagonale erhalten?

e) Beschreibe und begründe deine Rechenmuster mündlich!

→ SB S.56, 58–60

Zu Besuch im Gestüt Moritzburg

1 **a)** Das Gestüt Moritzburg feiert im Jahre 2015 seinen 200. Geburtstag. Wie alt ist das Gestüt in diesem Jahr?

_____

b) Seit 2004 bilden das Moritzburger und das Graditzer Gestüt, das noch 93 Jahre älter ist, gemeinsam das sächsische Pferdegestüt. Wie alt ist das Graditzer Gestüt?

_____

2 Beim Besuch in Moritzburg erfuhren Lea und ihre Freunde, wie viele Hengste im sächsischen Gestüt in den letzten Jahren gehalten wurden:

Pferderasse	2006	2007	2008	2009	2010
Englisches Vollblut	3	3	3	3	3
Warmblut (Trakehner)	51	47	48	49	49
Schweres Warmblut	28	28	28	28	28
Kaltblut	8	8	10	8	8
Haflinger	13	13	12	11	9
Reitpony	1	1	2	1	1
Gesamt					

a) Ergänze die Tabelle!

b) In welchem Jahr gab es im sächsischen Gestüt die meisten (wenigsten) Hengste?

_____

3 Der Leiter des Gestüts erklärt den Kindern einige Pferderassen:

Pferderasse	Stockmaß	Gewicht
Reitpony	138 cm bis 148 cm	350 kg bis 450 kg
Haflinger	140 cm bis 155 cm	350 kg bis 450 kg
Trakehner	160 cm bis 170 cm	450 kg bis 600 kg

Vergleiche die Größenangaben der Pferderassen mit deinen Körpermaßen!

_____

_____

4 Dann erfuhren die Kinder, dass ein Pferd täglich rund 0,5 kg Hafer und 1,5 kg Heu pro 100 kg Körpergewicht frisst. Ermittle die ungefähren täglichen Futtermengen für ein Pferd!

Pferderasse	Hafer pro Tag	Heu pro Tag
Reitpony		
Haflinger		
Trakehner		

→ SB S.61

Würfel, Quader, Kugel, Pyramide, Zylinder, Kegel

1 Diese Figuren sind immer aus zwei Körpern zusammengesetzt. Schreibe ihre Namen auf!

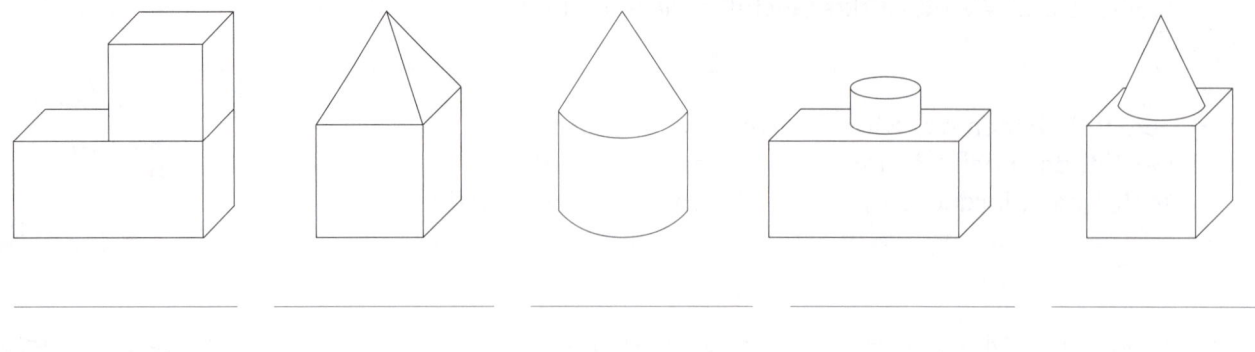

_____   _____   _____   _____   _____

_____   _____   _____   _____   _____

2 Trage in die Tabellen ein, wie oft du die Teile zum Bauen der Körper jeweils benötigst!

a)

Körper	Stäbchen für Kanten	Knetekugeln für Ecken
Würfel		
Quader		
Pyramide		

b)

Körper	Viereck □	Dreieck △	Kreis ○
Quader			
Pyramide			
Zylinder			

3 Welche Körper sind gemeint?

a) Alle Flächen sind quadratisch.

b) Der Körper hat genau drei Flächen.

c) Der Körper hat nur eine Fläche.

d) Der Körper hat nur rechteckige Flächen.

_____   _____   _____   _____

e) Der Körper hat genau zwei Flächen.

f) Der Körper hat 8 Kanten.

g) Der Körper hat zwei kreisförmige Flächen.

h) Der Körper hat vier dreieckige Flächen.

_____   _____   _____   _____

4 Welche Flächen gehören jeweils zu den Körpern? Male aus!

a)

b)

Baupläne und Ansichten

1 **a)** Ordne zu und verbinde!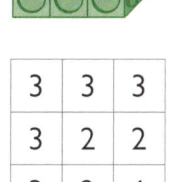
Bestimme die Anzahl der Würfel!

b) Ergänze die Baupläne und bestimme die Anzahl der Würfel!

A	B	C	D	E	F

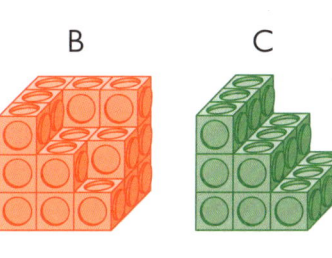 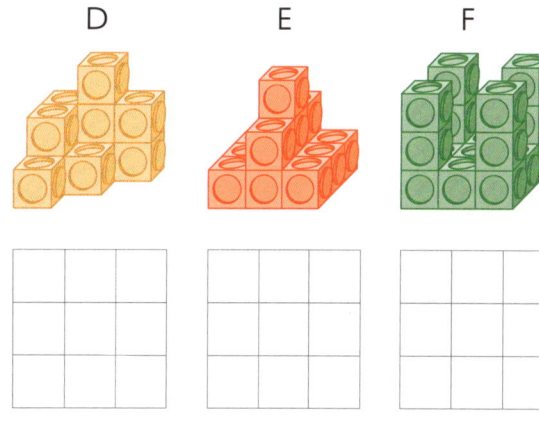

A

3	2	1
3	2	1
3	2	1

Würfel: ____

B

3	2	1
2	2	1
1	1	1

Würfel: ____

C

3	3	3
3	2	2
3	2	1

Würfel: ____

D
Würfel: ____

E
Würfel: ____

F
Würfel: ____

c) Wie viele kleine Würfel fehlen jeweils mindestens zu einem großen Würfel?

A: _____ B: _____ C: _____ D: _____ E: _____ F: _____

---

2 Baue die Gebäude aus Aufgabe 1! Welche Gebäude sehen so aus?

a) von vorn
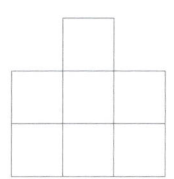
Gebäude ____

b) von vorn
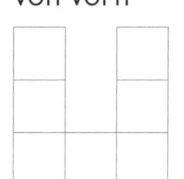
Gebäude ____

c) von vorn
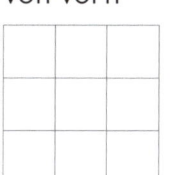
Gebäude ____

d) von links
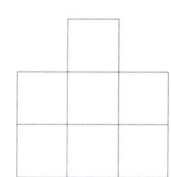
Gebäude ____

e) von oben
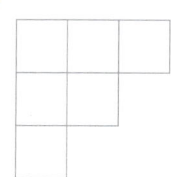
Gebäude ____

---

3 **a)** Gib an, von welcher Seite das Gebäude jeweils zu sehen ist!

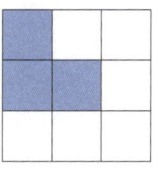
_____
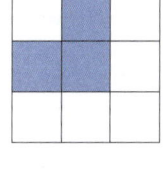
_____
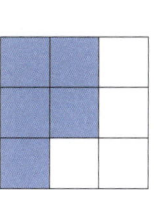
_____
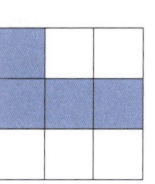
_____

b) Male den Steckwürfel links oben rot, die anderen gelb aus!
Zeichne dann die Ansichten!

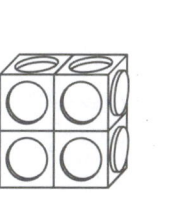

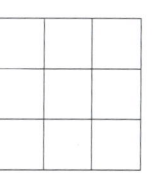
von vorn

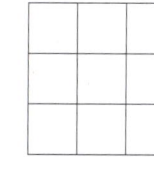
von links

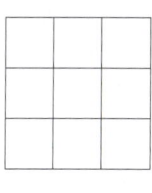
von rechts

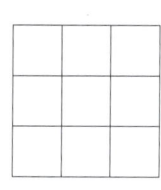
von oben

Würfel- und Quadernetze

1 Male die Flächen, die sich bei einem gefalteten Quader gegenüberliegen, in der gleichen Farbe aus!

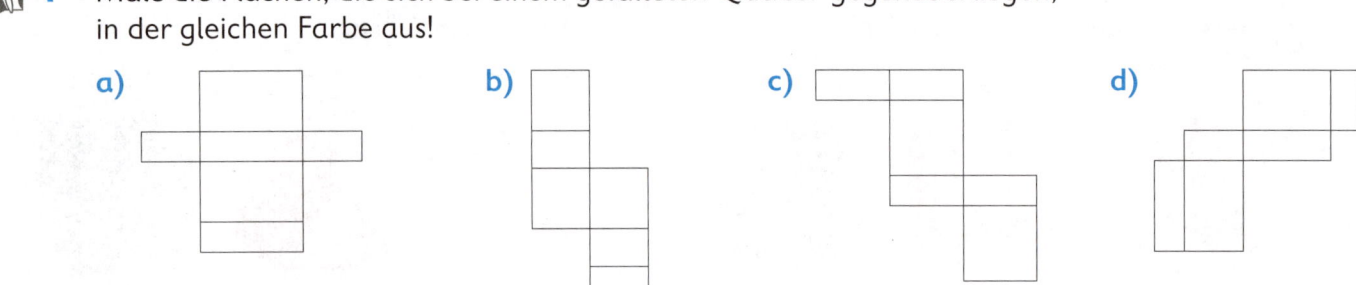

a)　　　　　　b)　　　　　　c)　　　　　　d)

2 Ergänze die Figuren zu Quadernetzen!

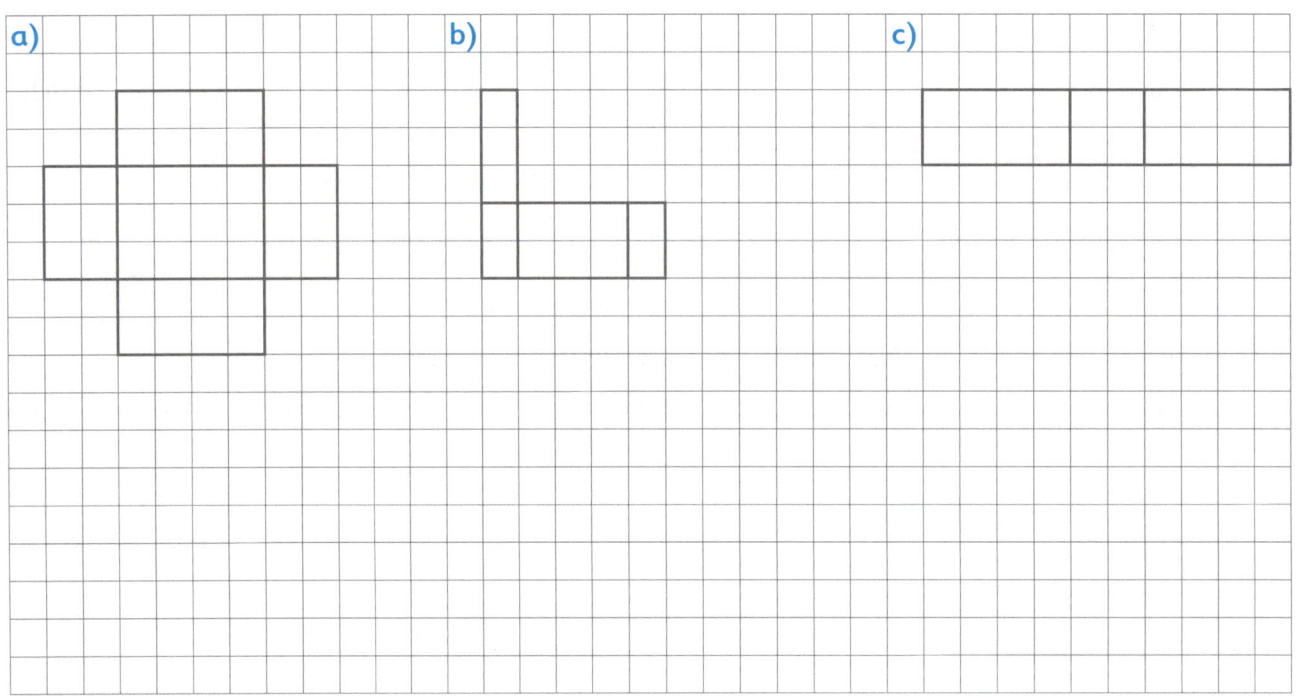

a)　　　　　　　　　b)　　　　　　　　　c)

3 Ergänze die Figur auf 4 verschiedene Weisen zu einem Würfelnetz!

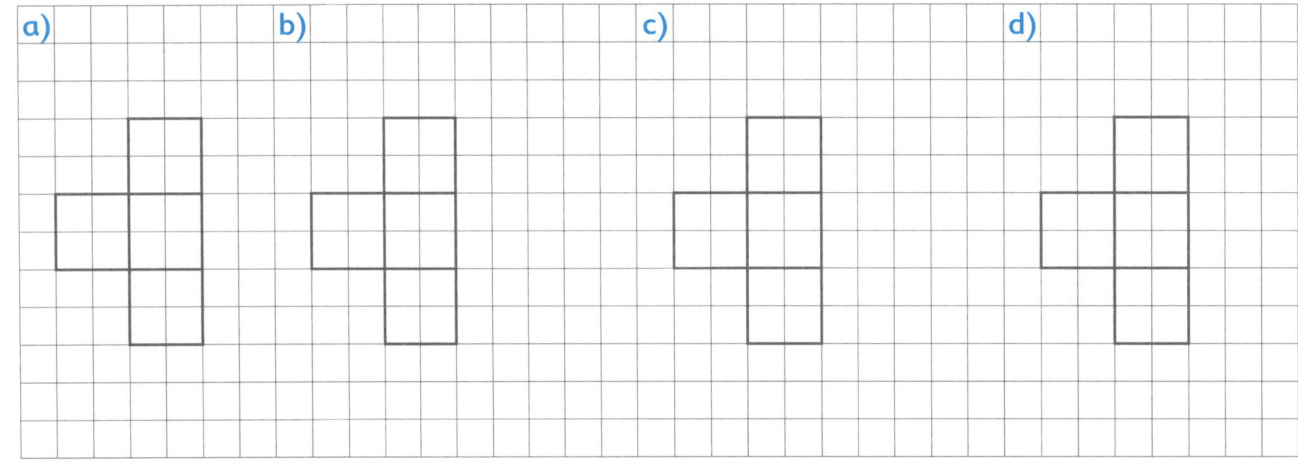

a)　　　　b)　　　　c)　　　　d)

e) Male die Flächen, die sich bei einem gefalteten Würfel gegenüberliegen, in der gleichen Farbe aus!

→ SB S.66/67

Würfelnetze

1 Lisa kippt einen Spielwürfel auf den gezeichneten Wegen. Sie zeichnet immer das unten liegende Würfelbild in die Netze ein. Stelle einen Spielwürfel immer wie abgebildet vor dich hin. Kippe den Spielwürfel und zeichne die unten liegenden Würfelbilder in die Netze ein!

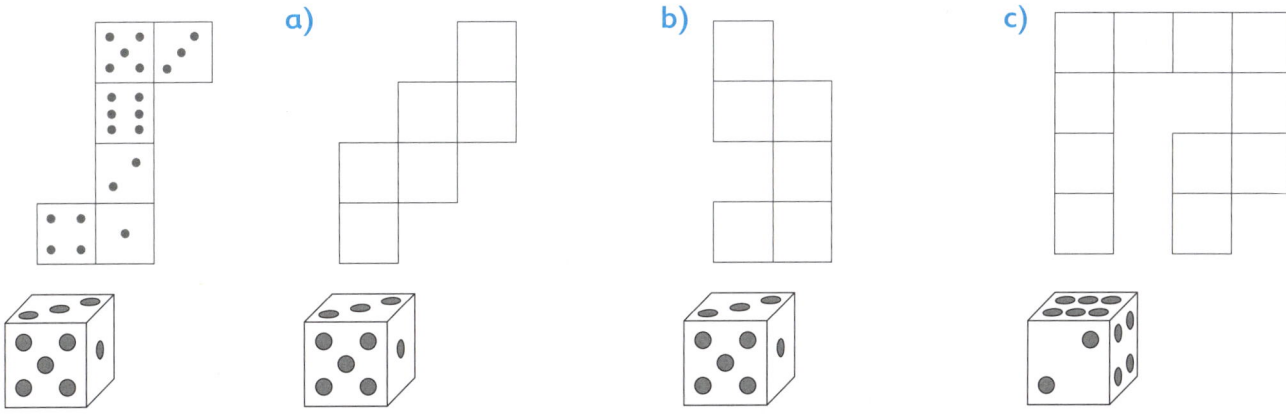

a)   **b)**   **c)**

2

a) Stelle einen Spielwürfel wie abgebildet vor dich hin! Kippe ihn nach vorn, nach rechts und dann nach hinten! Welche Augenzahl liegt nun oben?

b) Falte ein Blatt aus der Zettelbox zu einem Spielplan mit 16 Quadraten!

c) Stelle den Spielwürfel wie abgebildet auf das Startfeld! Kippe ihn so zum Ziel, dass am Ziel die 1 (2, 3, 4, 5, 6) oben liegt!

d) Nun darf der Würfel nur auf die gelben Felder gekippt werden. Kippe ihn so zum Ziel, dass am Ende die 1, (2, 3, 4, 5, 6) oben liegt!

e) Erfinde eigene Rätsel zum Kippen des Spielwürfels!

3 Welches Netz gehört zu welchem Würfel? Verbinde!

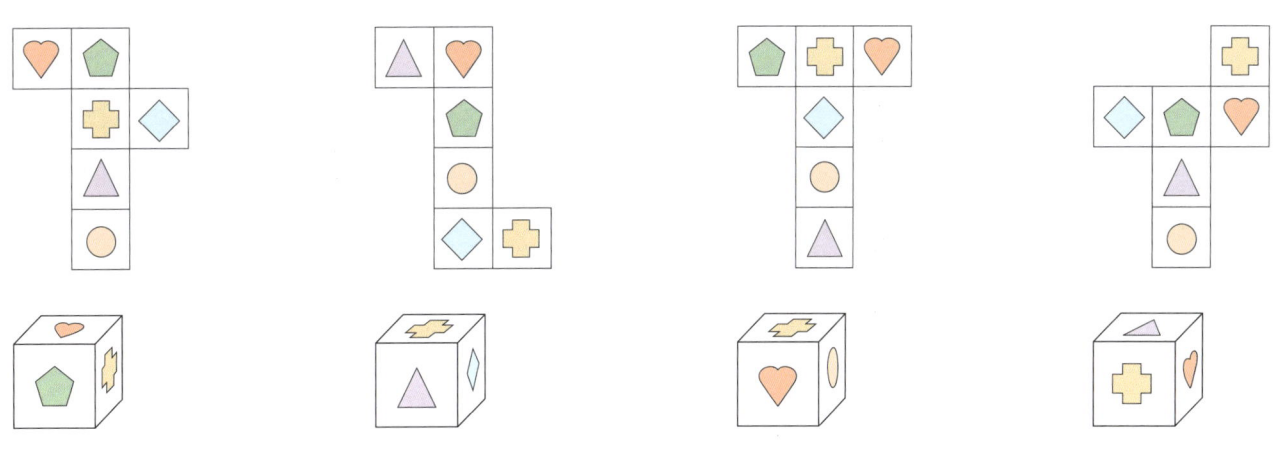

Schriftliches Addieren bis 1000

1

Denke an die Rechenschritte!

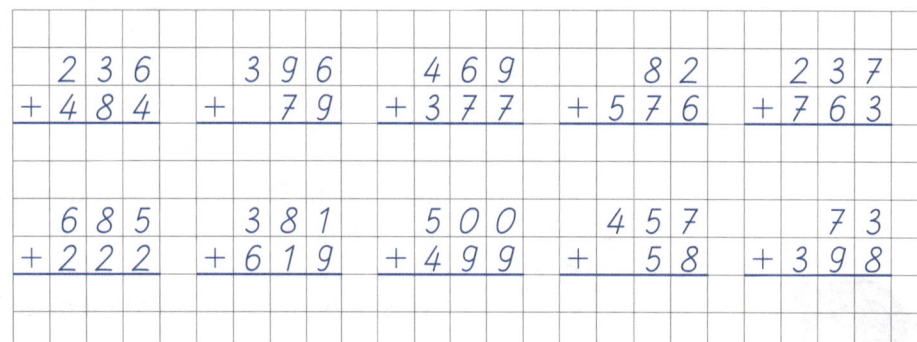

a)

H	Z	E		H	Z	E		H	Z	E		H	Z	E		H	Z	E
2	3	4		6	4	1			4	8		8	5	6		4	3	6
+ 5	4	2		+ 2	5	7		+ 7	1	1		+	3	3		+ 4	3	2

b)

	3	7	9			5	4	7			4	4	4				9	7			5	7	2
+	2	8	6		+	3	5	6		+	5	5	6		+	6	4	3		+	2	6	6

L.: 665, 740, 759, 776, 838, 844, 868, 889, 898, 903, 1000

2

L.: 471, 475, 488, 515, 658, 720, 846, 907, 999, 1000, 1000

a)

2 3 6	3 9 6	4 6 9	8 2	2 3 7
+ 4 8 4	+ 7 9	+ 3 7 7	+ 5 7 6	+ 7 6 3

b)

6 8 5	3 8 1	5 0 0	4 5 7	7 3
+ 2 2 2	+ 6 1 9	+ 4 9 9	+ 5 8	+ 3 9 8

3

a)

4 0 7	2 7 6	3 1 7	9 5	6 5 8
+ 3 7 0	+ 2 7 6	+ 5 9 8	+ 8 7 6	+ 7 5

b)

1 8 9	2 7 4	3 5 5	4 1 8	4 6 7
+ 4 1 1	+ 4 2 6	+ 4 4 5	+ 4 8 2	+ 5 3 3

L.: 552, 600, 700, 733, 777, 800, 900, 915, 971, 988, 1000

4 Addiere! Entscheide selbst, ob du mündlich oder schriftlich rechnest!

a) 623 + 135   739 + 76
   709 + 280   526 + 239

b) 266 + 634   346 + 543
   85 + 367   397 + 603

c) 482 + 356   263 + 263
   508 + 399   94 + 638

L.: 452, 526, 732, 744, 758, 765, 815, 838, 889, 900, 907, 989, 1000

→ **SB** S.69/70

1

201	202	203	204	205	206	207	208	209	210
211	212	213	214	215	216	217	218	219	220
221	222	223	224	225	226	227	228	229	230
231	232	233	234	235	236	237	238	239	240
241	242	243	244	245	246	247	248	249	250
251	252	253	254	255	256	257	258	259	260
261	262	263	264	265	266	267	268	269	270
271	272	273	274	275	276	277	278	279	280
281	282	283	284	285	286	287	288	289	290
291	292	293	294	295	296	297	298	299	300

Spiel: „Wer ist Rechenmeister?"

Addiert zu jeder Zahl aus der 4. Zeile 678!
Wer zuerst alle 10 Ergebnisse richtig aufgeschrieben hat, ist Rechenmeister.

2 Wähle immer 2 Zahlen aus dem Hunderterfeld so aus, dass ihre Summe

Tipp:
Überschlage zuerst!

a) größer als 500 ist,

b) kleiner als 500 ist,

c) 500 ist,

d) 555 ist!

Schreibe immer 3 Aufgaben!

3 Setze immer so fort und rechne!

Was fällt dir auf?

a)
```
  2 0 1      2 0 2      2 0 3
+ 2 1 0    + 2 0 9    +          +          +
```

b)
```
  3 1 0      3 2 1      3 3 2
+ 3 2 1    + 3 2 1    +        +        +        +
```

c)
```
  1 8 9      1 7 8      1
+ 2 1 0    + 2 2 1    + 2      +        +        +
```

H	Z	E

Schriftliches Addieren mit 3 Zahlen

1

a) Ermittle die Besucherzahlen für jeden Wochentag!
Überschlage zuerst, dann rechne genau!

Montag Ü:	Dienstag Ü:	Mittwoch Ü:	Donnerstag Ü:
245	196	248	74
+317	+285	+237	+153
+115	+204	+160	+82

Freitag Ü:	Sonnabend Ü:	Sonntag Ü:
180	197	162
+206	+348	+240
+137	+225	+98

An welchem Tag gab es die meisten Kinobesucher?

L.: 309, 500, 523, 544, 645, 677, 685, 770

2
a) Addiere zu 317 die Zahl 588!

b) Berechne die Summe der Zahlen 567 und 343!

c) Wie groß ist die Differenz zwischen 800 und 650?

d) Addiere zu 192 das Doppelte von 254!

3

Muss man beim Backen auch rechnen?

299 g	640 g	354 g
+499 g	+199 g	+599 g

250 g	303 g	184 g	440 g	275 g
+ 75 g	+175 g	+500 g	+225 g	+250 g
+135 g	+210 g	+265 g	+178 g	+169 g

→ SB S.72

Schriftliches Subtrahieren bis 1000

1

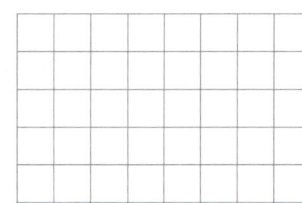

Prüfe immer zuerst, ob die Aufgabe lösbar ist!

a)

H	Z	E		H	Z	E		H	Z	E		H	Z	E		H	Z	E
7	8	6		9	6	3		8	5	7		6	7	9		5	9	8
− 3	5	4		− 4	5	3		−	4	6		− 8	5	3		− 3	6	3

b)

	8	7	6		6	0	0		7	0	8		9	0	8		6	7	8
	− 6	6	6		− 3	5	7		− 3	7	2		− 5	4	0		− 7	6	8

L.: 210, 235, 243, 336, 368, 432, 510, 722, 811, n.l., n.l.

---

2   **L.:** 0, 75, 212, 242, 337, 353, 422, 618, 666, n.l., n.l.

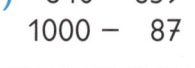

a)

	5	8	1		4	6	8		7	5	3		3	7	3		6	4	5
	− 3	6	9		− 4	6	9		−	8	7		− 2	9	8		− 3	0	8

b)

	8	4	9		9	0	4		3	7	9		8	4	9		1	0	0	0
	− 6	0	7		− 2	8	6		− 5	7	9		− 8	4	9		−		6	4	7

3

a)

	5	7	8		7	0	0		6	7	2		6	4	2		8	6	2
	− 3	4	5		− 5	4	6		− 6	7	4		−	9	8		− 3	6	2

b)

	9	1	2		5	4	9		8	0	0		4	2	8		7	5	0
	− 6	7	4		− 5	4	9		− 6	7	1		− 7	1	5		− 3	0	8

L.: 0, 129, 154, 233, 238, 442, 477, 500, 544, n.l., n.l.

---

4   Subtrahiere! Entscheide selbst, ob du mündlich oder schriftlich rechnest!

a) 467 − 251   875 − 364   b) 840 − 659   368 − 435   c) 600 − 343   624 − 185
   902 − 372   700 − 266   1000 − 87   615 − 588   777 − 488   536 − 79

L.: 27, 181, 216, 257, 289, 434, 439, 457, 511, 522, 530, 913, n.l.

Schriftliches Subtrahieren bis 1000

1

401	402	403	404	405	406	407	408	409	410
411	412	413	414	415	416	417	418	419	420
421	422	423	424	425	426	427	428	429	430
431	432	433	434	435	436	437	438	439	440
441	442	443	444	445	446	447	448	449	450
451	452	453	454	455	456	457	458	459	460
461	462	463	464	465	466	467	468	469	470
471	472	473	474	475	476	477	478	479	480
481	482	483	484	485	486	487	488	489	490
491	492	493	494	495	496	497	498	499	500

Spiel: „Wer ist Rechenmeister?"

Subtrahiert von jeder Zahl aus der 8. Spalte 194! Wer zuerst alle 10 Ergebnisse richtig aufgeschrieben hat, ist Rechenmeister.

2 Subtrahiere von 777 eine Zahl aus dem oberen Hunderterfeld, so dass die Differenz

Schreibe immer 3 Aufgaben!

a) kleiner als 300 ist,

b) größer als 350 ist,

c) zwischen 368 und 372 liegt,

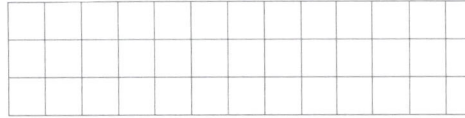

d) zwischen 286 und 290 liegt!

3 Setze immer so fort und rechne!

Was fällt dir auf?

a)

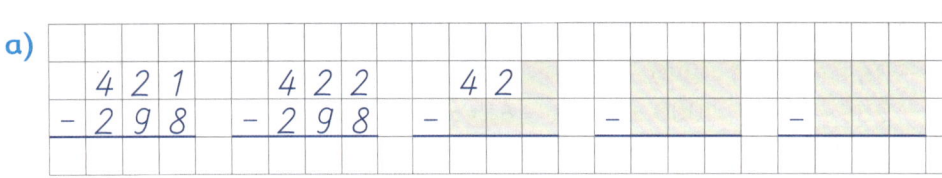

```
  4 2 1      4 2 2      4 2
- 2 9 8    - 2 9 8    -
```

b)

```
  4 0 1      4 1 2      4 2
- 2 9 0    - 2 9 0    -          -          -          -          -
```

c)

```
  9 8 7      8 7 6
- 8 7 6    - 7 6 5    -          -          -          -          -
```

→ SB S. 76/77

1 a) Kinder aus verschiedenen Ländern haben ihre Schultage für ein oder zwei Jahre ermittelt. Sie errechnen nun ihre freien Tage. Hilf ihnen!

b) Wie viele Schultage und wie viele freie Tage hast du in diesem Jahr?

Von 365 Tagen eines Jahres haben wir 185 Schultage und ____ freie Tage.

Sind es mehr Schultage oder mehr freie Tage? Überschlage und rechne!

3 6 5	3 6 5	3 6 6	3 6 6
− 1 8 6	− 1 8 9	− 1 9 2	− 1 8 9

7 3 0	7 3 0	7 3 1	7 3 1
− 3 7 2	− 3 7 8	− 3 8 4	− 3 8 6

2 a) Subtrahiere von 895 die Zahl 467!

b) Berechne die Differenz der Zahlen 608 und 293!

c) Wie groß ist die Summe der Zahlen 351, 209 und 438?

d) Subtrahiere von 736 die Hälfte von 250!

3

Beim Handwerk kommt es darauf an, dass man auch gut rechnen kann!

1 0 0 0 cm	4 5 8 cm	6 7 0 cm
− 7 9 9 cm	− 2 3 5 cm	− 4 3 9 cm

5 3 2 cm	4 2 1 cm	7 6 0 cm	8 0 0 cm	9 1 5 cm
− 2 4 8 cm	− 9 5 cm	− 5 1 8 cm	− 4 4 6 cm	− 6 8 0 cm

9 6 4 g	6 8 1 g	3 6 2 g	5 0 5 g	7 6 0 g
− 3 5 1 g	− 4 5 5 g	− 8 9 g	− 2 1 8 g	− 5 4 3 g

Schriftliches Addieren und Subtrahieren

1

Achte auf die Rechenzeichen!

a)

3 4 7	4 7 6	1 0 0 0	5 6 1	8 6 7
+ 4 3 8	− 4 7 5	− 8 5 6	+ 3 2 9	− 6 8 7

b)

7 0 2	3 6	3 4 7	3 8 1	7 3 2
− 9 8	+ 9 6 4	− 4 3 8	+ 5 1 7	− 2 5 6

L.: 1, 144, 180, 476, 501, 604, 785, 890, 898, 1000, n.l.

---

2 Rechne mündlich oder schriftlich!

3 2 6 + 2 5 0 =	8 7 6 − 4 3 4 =	1 0 0 0 − 3 3 3 =
8 6 0 − 4 3 2 =	4 4 2 + 4 3 4 =	8 0 0 − 2 2 =
4 5 6 + 3 4 2 =	8 7 6 − 4 4 2 =	5 5 5 + 6 6 =

L.: 428, 434, 442, 502, 576, 621, 667, 778, 798, 876

---

3 <, > oder = ? (Tipp: Nutze Rechengesetze!)

a) 188 + 375 ◯ 375 + 188

653 + 347 ◯ 553 + 447

242 + 459 ◯ 251 + 448

386 + 309 ◯ 309 + 386

b) 948 − 657 ◯ 938 − 657

452 − 163 ◯ 748 − 250

672 − 355 ◯ 672 − 357

534 − 218 ◯ 544 − 228

4

a) Wenn ich zu meiner Zahl 728 addiere, erhalte ich 999.

b) Wenn ich von meiner Zahl 728 subtrahiere, erhalte ich 222.

c) Meine Zahl ist um 555 kleiner als 728.

---

5 Überschlage zuerst, rechne dann genau!

a)

Ü:		
3 9 5	8 9	6 2 4
+ 2 0 7	+ 5 1 2	+ 2 8 3

b)

Ü:		
5 0 2	7 8 3	9 1 4
− 3 8 8	− 4 0 2	− 7 8 6

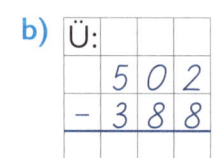

→ **SB** S. 78/79

Rechnen mit Kommazahlen

1 Wie rechnest du? Welcher Rechenweg ist vorteilhaft?

| 3,46 € | + | 5,75 € | | 4,89 € | + | 3,56 € | | 1,38 € | + | 7,99 € |

2

Achte auf das Komma und die Einheit!

a)

	3,	9	7	€		6,	9	9	€		2,	7	7	€		4,	1	7	€
+	2,	5	8	€	+	0,	7	6	€	+	7,	2	3	€	+	3,	0	9	€

b)

	0,	8	8	€		5,	0	2	€		3,	9	9	€		6,	0	1	€
+	8,	7	1	€	+	3,	4	0	€	+	4,	9	9	€	+	3,	9	9	€

3 Entscheide dich für einen vorteilhaften Rechenweg!

a)

| 8,72 € | − | 3,68 € | | 5,64 € | − | 2,98 € | | 9,99 € | − | 6,56 € |

b)

| 8,99 € | − | 3,99 € | | 7,49 € | − | 0,99 € | | 9,50 € | − | 9,25 € |

4

	9,	7	3	€		5,	2	1	€		6,	7	8	€		10,	0	0	€		8,	3	5	€
−	6,	8	2	€	−	4,	3	5	€	−	7,	8	6	€	−		5,	7	7	€	−	4,	1	9	€

L.: 0,86 €, 2,91 €, 4,16 €, 4,22 €, 4,23 €, n.l.

5 Erzähle Rechengeschichten und rechne!

1,236 kg + 2,541 kg

10,000 kg − 3,718 kg

→ SB S.80

Bäume pflanzen

1  Am linken Rand einer 200 m langen Straße wollen Gärtner im Abstand von jeweils 10 m Bäume pflanzen. Wie viele Bäume benötigen sie?

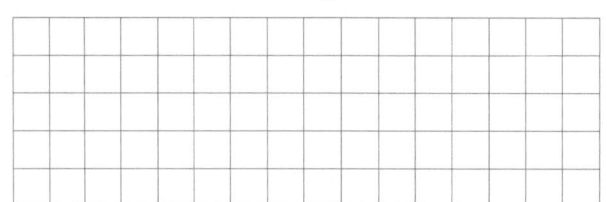

Tabellen oder Skizzen, können sie dir nützen?

2  Eine Tanne war nach 10 Jahren 1 m hoch. Dann wuchs sie innerhalb der nächsten 10 Jahre um 1,30 m. Vom 20. bis zum 30. Jahr wuchs sie um weitere 5,40 m. Wie hoch ist die 30-jährige Tanne nun?

3 Übersicht über den Höhenzuwachs einiger Bäume in jedem Jahr

	erreichte Höhe nach 10 Jahren	Höhenzuwachs vom 11. bis 20. Jahr	Höhenzuwachs vom 21. bis 40. Jahr	Höhenzuwachs vom 41. bis 60. Jahr
Kiefer	2 m	44,5 cm in jedem Jahr	40 cm in jedem Jahr	27 cm in jedem Jahr
Buche	3 m	27,5 cm in jedem Jahr	40,5 cm in jedem Jahr	34 cm in jedem Jahr
Eiche	3 m	46,5 cm in jedem Jahr	45 cm in jedem Jahr	29,5 cm in jedem Jahr

a) Wie hoch kann eine Kiefer (eine Buche, eine Eiche) nach 20 Jahren sein?

b) Wie hoch kann eine Kiefer (eine Buche, eine Eiche) im Alter von 60 Jahren sein?

→ **SB** S.81

Üben von Station zu Station

Station 1   Ungleichungen

<, > oder = ?

a)   476 + 99 ◯ 576

     340 + 80 ◯ 420

     820 − 60 ◯ 680

b)   270 + 730 ◯ 1000

     1000 − 550 ◯ 555

     830 − 460 ◯ 770

c)   360 + 630 ◯ 630 + 360

     270 + 350 ◯ 280 + 340

     910 − 730 ◯ 920 − 740

Suche dir Stationen aus!

Station 2   Körper

a) Wie heißen die Körper?

_____

_____

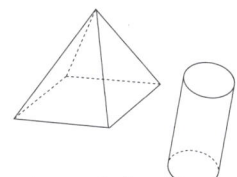

b) Aus welchen Flächen bestehen sie?
Male sie jeweils in der gleichen Farbe aus!

Station 3   Schriftliches Rechnen

    346   473   499
  + 347   + 527   + 499

    852   479   900
  − 238   − 482   − 499

    900   808   68
  − 648   − 570   + 709

Station 4   Rechenrätsel

a) Wie groß ist die Differenz der Zahlen 299 und 399?

b) Wie groß ist die Summe der Zahlen 299 und 399?

c) Meine Zahl ist das Doppelte von 495.

d) Meine Zahl ist um 450 größer als die Hälfte von 888.

Station 5   Rechenmauer

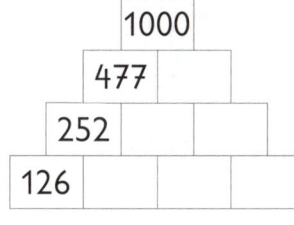

1000
477
252
126

Station 6   Rauminhalte

Stelle Fragen und rechne!

300 l   5 l   10 l

_____

_____

→ SB S.82

Aus der Knobelkiste

1 Anne hat 70 Cent mehr als Maria. Sie schenkt Maria 35 Cent. Nun haben beide Mädchen gleich viel Geld. Wie viel Cent hatte jedes Mädchen vorher?

_____

_____

_____

2

Ordne die Kinder nach ihrem Gewicht! Tom ist schwerer als Lara, aber leichter als Nina. Lara ist schwerer als Paul.

_____

_____

3 Ergänze +, −, · oder :!

$345 \bigcirc 420 = 254 \bigcirc 511$

$442 \bigcirc 315 = 881 \bigcirc 124$

$100 \bigcirc 10 = 192 \bigcirc 182$

$50 \bigcirc 2 = 76 \bigcirc 24$

$603 \bigcirc 207 = 1000 \bigcirc 190$

$8 \bigcirc 8 \bigcirc 2 = 14 \bigcirc 114$

$5 \bigcirc 2 \bigcirc 8 = 620 \bigcirc 540$

$7 \bigcirc 7 \bigcirc 1 = 199 \bigcirc 149$

$8 \bigcirc 9 \bigcirc 8 = 420 \bigcirc 340$

$5 \bigcirc 6 \bigcirc 7 = 153 \bigcirc 116$

4 Wie kommt die Maus zum Käse? Zeichne einen Weg ein!

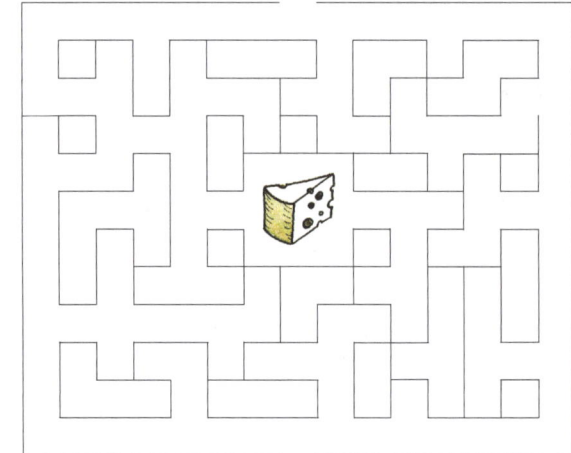

5 **a)** Die Summe von 3 aufeinander folgenden Zahlen ist 243. Welche Zahlen sind es?

_____

_____

_____

b) Die Summe von 5 aufeinander-folgenden Zahlen ist 1000. Welche Zahlen sind es nun?

_____

_____

_____

6 Bei einem Spielenachmittag soll jeder gegen jeden Tischtennis spielen.

Wie viele Spiele sind es bei

a) 3 Spielern? _____ Spiele

b) 4 Spielern? _____ Spiele

c) 5 Spielern? _____ Spiele

→ **SB** S.83

Das kann ich schon!

1 a)
$$435 + 264$$ $$679 + 289$$

$$380 + 80 = \boxed{}$$

$$320 + 450 = \boxed{}$$

b)
420

406	+	
	+	80
395	+	
	+	130

c) Ergänze!

Die Summe zweier Zahlen ist eine ungerade Zahl, wenn

_____

_____

2 a)
$$976 - 342$$ $$535 - 276$$

$$390 - 170 = \boxed{}$$

$$863 - 50 = \boxed{}$$

b)
660

690	−	
	−	40
780	−	
	−	340

c) Ergänze!

Die Differenz zweier Zahlen ist 0, wenn

_____

_____

3 a) Berechne die Differenz der Zahlen 620 und 85!

_____

_____

_____

b) Berechne die Summe und die Differenz der Zahlen 730 und 87!

_____

_____

_____

c) Berechne die Summe des Nachfolgers von 370 und des Vorgängers von 370! Was stellst du fest?

_____

_____

_____

4 a) Wandle um!

$$0{,}630\ kg = \boxed{}\ g$$

$$850\ g = \boxed{}\ kg$$

$$\tfrac{1}{2}\ kg = \boxed{}\ g$$

$$1000\ g = \boxed{}\ kg$$

b) Vergleiche!

$0{,}675\ kg \bigcirc 680\ g$

$0{,}888\ kg \bigcirc 0{,}858\ kg$

$\tfrac{3}{4}\ kg \bigcirc 750\ g$

$250\ g \bigcirc \tfrac{1}{4}\ kg$

c) Ordne die Gewichte!

| $\tfrac{3}{4}$ kg | 750 kg | 7,5 kg |
| 75 kg | 700 g | $\tfrac{1}{4}$ kg |

_____

_____

5 Zu welchen Körpern können diese Flächen gehören?

a)

_____

_____

b)

_____

_____

c) Welche Fläche haben Quader und Zylinder gemeinsam? Kreuze an und begründe!

◯ Quadrat   ◯ Kreis

◯ Rechteck   ◯ Dreieck

Vervielfachen und Teilen

1 Ordne die Zahlen in die Tabellen ein!

a) 4, 8, 16, 24, 32

Vielfaches von 2	
Vielfaches von 4	
Vielfaches von 8	

b) 9, 12, 21, 20, 35, 36, 63, 40, 70

Vielfaches von 3	
Vielfaches von 4	
Vielfaches von 7	

 c) Was fällt dir auf?

_____

_____

2 a) Ordne die folgenden Zahlen in eine Tabelle ein: 2, 3, 4, 5, 6, 7, 8, 9!

Teiler von 10	Teiler von 24	Teiler von 32	Teiler von 48	Teiler von 54	Teiler von 56	Teiler von 63	Teiler von 72

 b) Was fällt dir auf?

_____

_____

3

Teiler von 12	Teiler von 18	Teiler von 23	Teiler von 28	Teiler von 42	Teiler von 81

Finde möglichst viele Teiler!

4 a)

16 : 4 =
19 : 4 =   R

24 : 3 =
26 : 3 =   R

81 : 9 =
88 : 9 =   R

42 : 7 =
45 : 7 =   R

54 : 9 =
57 : 9 =   R

35 : 7 =
40 : 7 =   R

b)

: 2 = 5 R 1
: 8 = 4 R 7
: 7 = 7 R 1
: 4 = 9 R 3
: 5 = 8 R 4

5 a)

Wenn ich die gedachte Zahl verdopple, erhalte ich 24.

b)

Wenn ich die gedachte Zahl vervierfache, erhalte ich 36.

→ **SB** S.88/89

Mündliches Multiplizieren und Dividieren bis 1000

1 Rechne mit deinem Rechenweg!

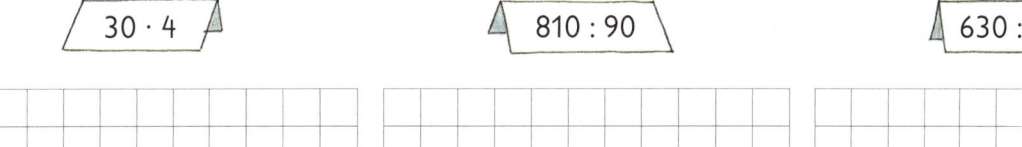

| 30 · 4 | | 810 : 90 | | 630 : 7 |

2 a)

·	50	90	60	70
6				
9				
8				
7				

b)

·	30	40	20
2			
20			
40			
100			

c)

:	20	4	200
800			
400			
200			
0			

d)

:	5	10	200
300			
900			
600			
1200			

3

a) **: 4**

400	
800	
160	
120	
360	
440	

b) **: 7**

140	
490	
630	
420	
280	
700	

c) **: 3**

900	
210	
	90
	30
150	
330	

d) **: ▢**

360	6
420	
	9
	5
480	
240	

L: 4, 7, 8, 20, 30, 40, 40, 50, 60, 60, 70, 70, 90, 90, 90, 100, 100, 110, 110, 200, 270, 300, 300, 540

4 Rechne!

a)
5 0 0	·		=	1 0 0 0
3 0 0	·		=	9 0 0
8 0	·		=	6 4 0
7 0	·		=	5 6 0
	·	4	=	1 6 0

b)
4 8 0	:		=	6 0
8 1 0	:		=	9 0
	:	6	=	3 0
	:	5	=	8 0
	:	8	=	4 0

c)
	· 5 =	2 5 0
	· 4 =	2 0 0
	· 2 =	1 8 0
	· 3 =	3 0 0
	· 3 =	3 0 0 0

L: 2, 3, 8, 8, 8, 9, 40, 50, 50, 90, 100, 180, 200, 320, 400, 1000

→ SB S. 90/91

Rechenmuster, Rechenrätsel, Sachaufgaben

1 a)

Start   Ziel

30 →$\cdot 2$→ □ →$+2$→ □ →$:2$→ □

30 →$\cdot 4$→ □ →$+4$→ □ →$:4$→ □

30 →$\cdot 8$→ □ →$+8$→ □ →$:8$→ □

b)

Start   Ziel

40 →$\cdot 3$→ □ →$+3$→ □ →$:3$→ □

50 →$\cdot 5$→ □ →$+5$→ □ →$:5$→ □

60 →$\cdot 6$→ □ →$+6$→ □ →$:6$→ □

Was fällt dir auf?

_____

_____

c) Erfinde selbst Rechenketten!

Start   Ziel   Start   Ziel

□ → □ → □ → □   □ → □ → □ → □

2 a)
> Berechne das Produkt der Zahlen 4 und 80!

b)
> Das Produkt ist 630. Ein Faktor heißt 9. Wie heißt der andere Faktor?

c)
> Subtrahiere vom Produkt der Zahlen 80 und 6 die Zahl 480!

3

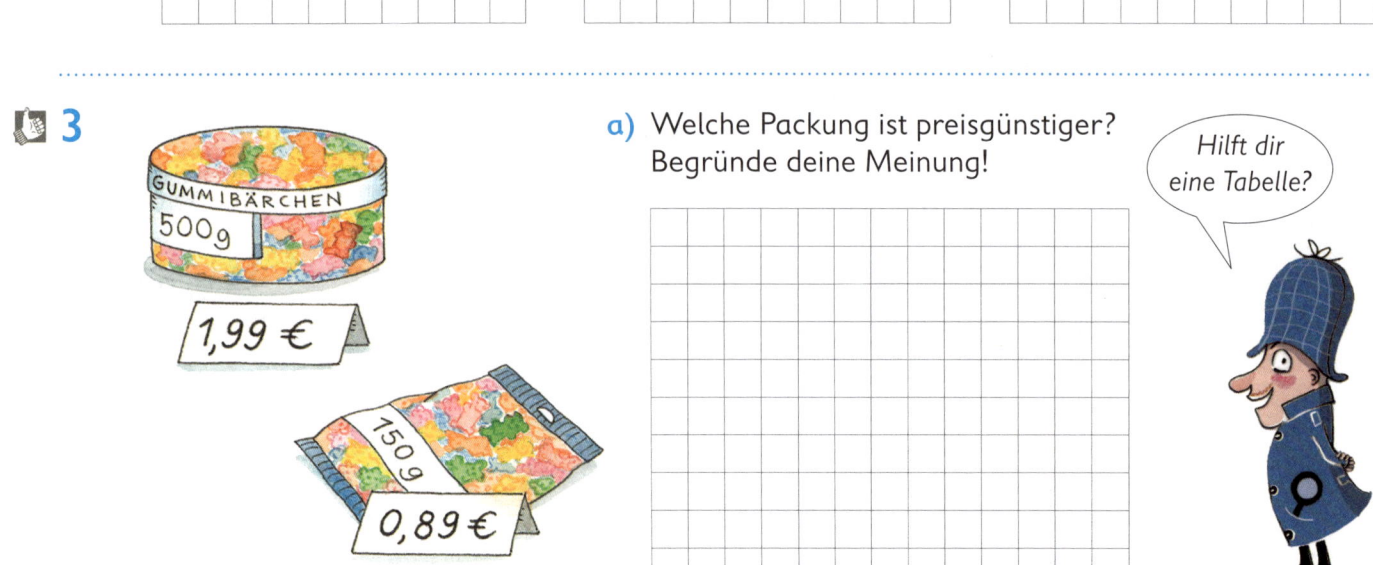

a) Welche Packung ist preisgünstiger? Begründe deine Meinung!

Hilft dir eine Tabelle?

GUMMIBÄRCHEN 500g — 1,99 €

150 g — 0,89 €

b) Luises Gruppe bezahlt 18,85 €. Wie viele und welche Packungen mit Gummitieren kann die Gruppe gekauft haben?

→ SB S.92/93

Mit dem Zug von Rostock nach Leipzig

1 Anna will mit ihrem Vater von Rostock nach Leipzig fahren.
Sie finden dazu folgende Zugverbindungen:

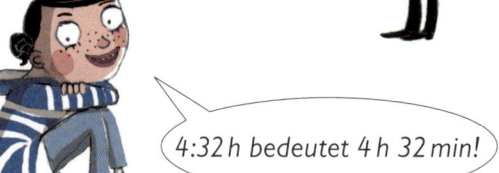

08:34 bedeutet 8.34 Uhr!

4:32 h bedeutet 4 h 32 min!

	Ab Rostock Hbf.	An Leipzig Hbf.	Umsteigen	Dauer
A	08:34	13:43	1	5:09 h
B	11:07	16:19	3	5:12 h
C	12:43	18:05	1	5:22 h
D	14:54	19:49	1	4:55 h
E	16:34	21:06	1	4:32 h
F	21:17	09:00	3	11:43 h

a) Beschreibe, was du der Tabelle alles entnehmen kannst!

b) Zeichne alle Abfahrts- und Ankunftszeiten der Züge in die Uhrenmodelle ein!

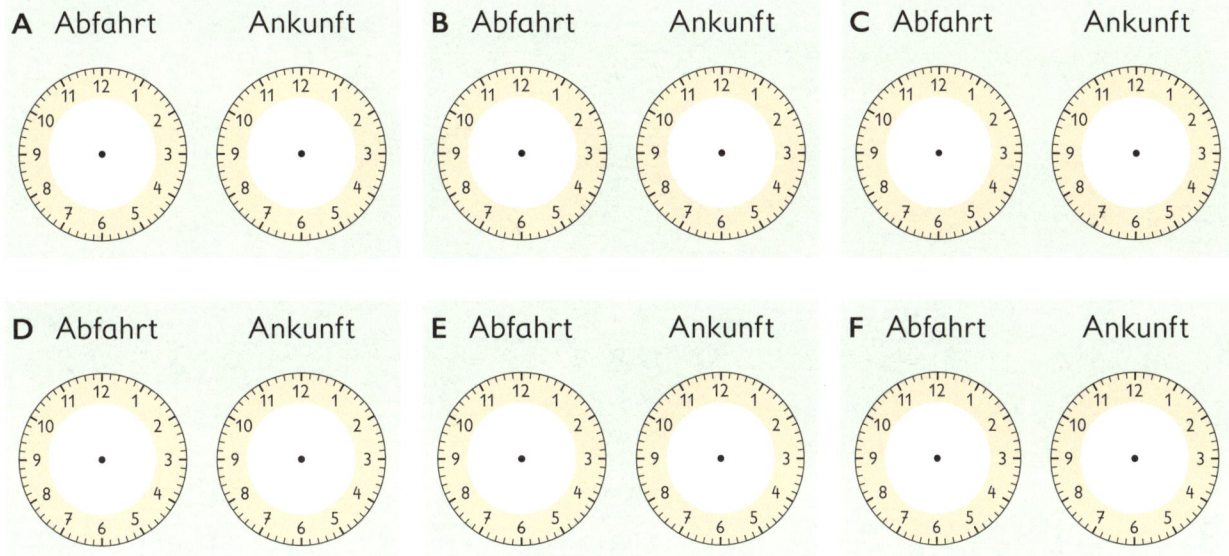

A Abfahrt   Ankunft   B Abfahrt   Ankunft   C Abfahrt   Ankunft

D Abfahrt   Ankunft   E Abfahrt   Ankunft   F Abfahrt   Ankunft

c) Ordne die Fahrzeiten! Beginne mit der kürzesten Fahrzeit! Was stellst du fest?

_4:32 h,_

d) Anna und ihr Vater fahren nicht um 8:34 Uhr, sondern erst um 11:07 Uhr von Rostock ab.
Wie viel später ist das?

Welche Züge kommen ansonsten in Frage?

e) Wann würden sie nach dem Fahrplan in Leipzig ankommen?

f) Vom Leipziger Hauptbahnhof wollen sie mit der Straßenbahn zu Annas Oma fahren. Die Fahrt dauert etwa 45 Minuten. Wann würde Anna bei ihrer Oma sein?

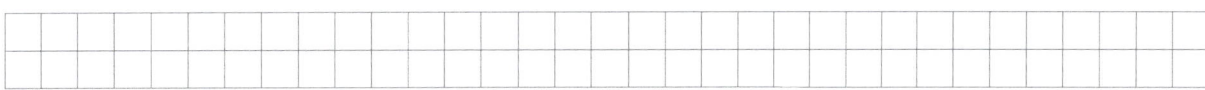

H	Z	E

Halbschriftliches Multiplizieren und Dividieren bis 1000

1 Rechne mit deinem Rechenweg!

a) 44 · 3
480 : 8

b) 19 · 2
324 : 9

c) 32 · 8
208 : 4

2 Immer 2 Aufgaben gehören zusammen! Begründe jeweils, warum!

a) 3 2 · 6 =
3 0 · 6 =
2 · 6 =

b) 2 0 8 : 8 =

c) 2 0 3 : 7 =

d) 7 · 2 9 =

e) 1 9 2 : 6 =

f) 2 6 · 8 =

g) 4 5 · 4 =

h) 1 6 4 : 2 =

i) 1 6 2 : 3 =

j) 5 4 · 3 =

k) 1 8 0 : 2 =

l) 8 2 · 2 =

3 a) 1 2 · 6 =

b) 1 3 · 4 =

c) 1 4 · 5 =

d) 4 · 1 1 =

e) 5 · 3 3 =

f) 4 · 5 5 =

g) 6 5 : 5 =

h) 3 5 0 : 5 =

i) 4 2 : 3 =

j) 1 8 0 : 2 =

k) 5 6 0 : 2 =

l) 9 9 0 : 9 =

m) 1 3 5 : 9 =

n) 1 1 7 : 9 =

o) 6 6 0 : 6 =

L: 13, 13, 14, 15, 44, 52, 70, 70, 72, 90, 110, 110, 130, 165, 220, 280

→ SB S. 98/99

Rechenmuster, Rechenrätsel

1 Rechenketten

a) Start — Ziel

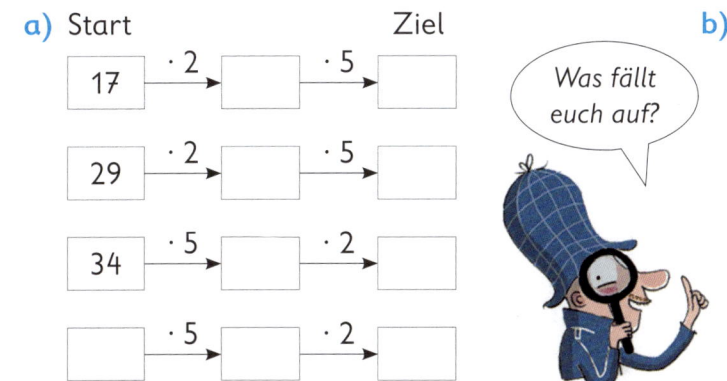

$$17 \xrightarrow{\cdot 2} \boxed{} \xrightarrow{\cdot 5} \boxed{}$$

$$29 \xrightarrow{\cdot 2} \boxed{} \xrightarrow{\cdot 5} \boxed{}$$

$$34 \xrightarrow{\cdot 5} \boxed{} \xrightarrow{\cdot 2} \boxed{}$$

$$\boxed{} \xrightarrow{\cdot 5} \boxed{} \xrightarrow{\cdot 2} \boxed{}$$

Was fällt euch auf?

b) Start — Ziel

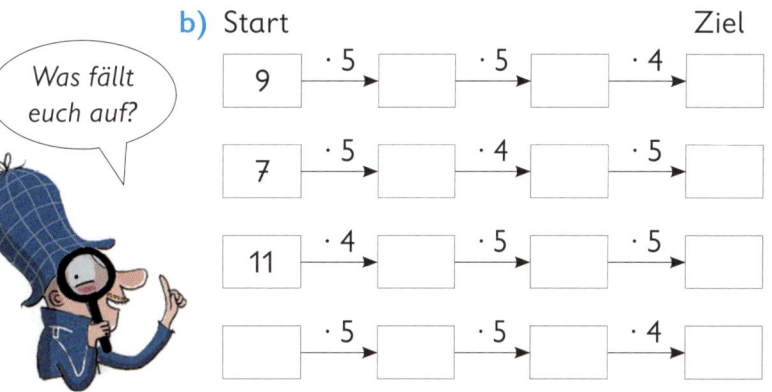

$$9 \xrightarrow{\cdot 5} \boxed{} \xrightarrow{\cdot 5} \boxed{} \xrightarrow{\cdot 4} \boxed{}$$

$$7 \xrightarrow{\cdot 5} \boxed{} \xrightarrow{\cdot 4} \boxed{} \xrightarrow{\cdot 5} \boxed{}$$

$$11 \xrightarrow{\cdot 4} \boxed{} \xrightarrow{\cdot 5} \boxed{} \xrightarrow{\cdot 5} \boxed{}$$

$$\boxed{} \xrightarrow{\cdot 5} \boxed{} \xrightarrow{\cdot 5} \boxed{} \xrightarrow{\cdot 4} \boxed{}$$

c) Erfinde selbst Rechenketten!

2

a)

> Welche Zahl ist ein Vielfaches von 18 und liegt zwischen 70 und 80?

b)

> Welche Zahl zwischen 12 und 16 ist ein Teiler von 300?

3 Denke dir immer eine neue Zahl aus und trage sie in das obere Kästchen ein! Rechne dann nach der Vorschrift! Was stellst du fest? Begründe deine Entdeckungen!

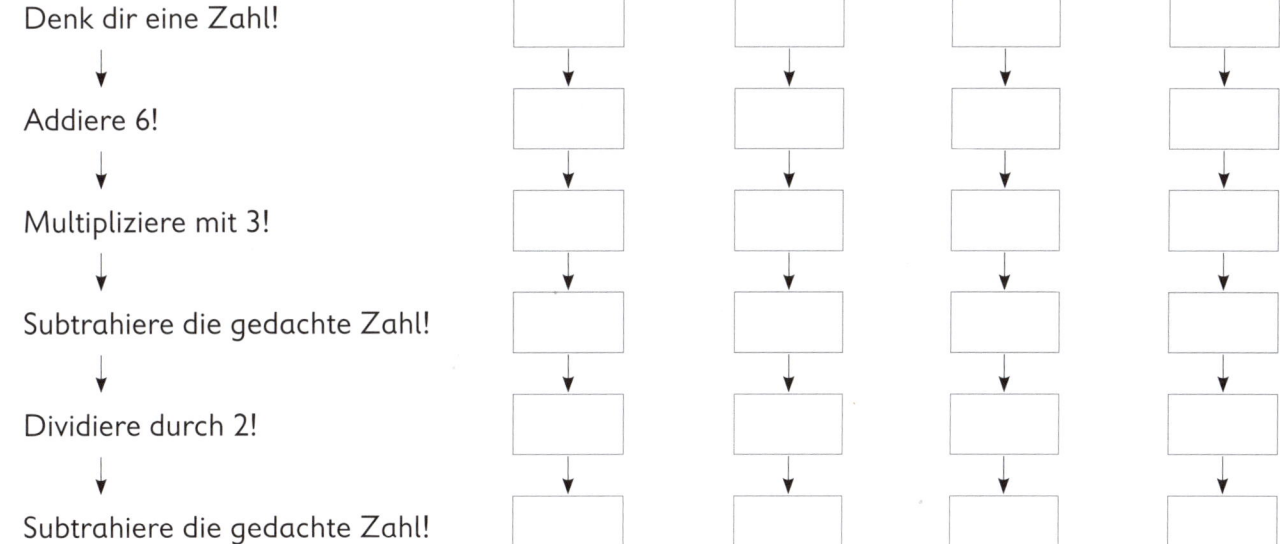

Denk dir eine Zahl!

↓

Addiere 6!

↓

Multipliziere mit 3!

↓

Subtrahiere die gedachte Zahl!

↓

Dividiere durch 2!

↓

Subtrahiere die gedachte Zahl!

Experimente

1 **Experiment:**
Wie schwer ist ein nasser Schwamm im Unterschied zu einem trockenen Schwamm?

a) Bestimmt das Gewicht eines trockenen Schwamms!

_____

b) Vermutung zum Gewicht eines nassen Schwamms:

_____

Nutzt die Tipps auf Buchseite 102!

c) Führt das Experiment durch und vergleicht!

_____

d) Schätzt euer Ergebnis ein!

_____

_____

_____

_____

2 **Experiment:**
Wie oft kann man ein Blatt Papier falten?

a) Vermutet! Kreuzt an!

○ bis zu 5-mal

○ zwischen 5-mal und 10-mal

○ mehr als 10-mal

○ Es hängt nur von der Größe des Blattes ab.

○ Es hängt nur von der Dicke des Blattes ab.

b) Führt das Experiment durch!

c) Beschreibt eure Ergebnisse und schätzt diese ein!

_____

_____

_____

_____

_____

→ SB S.102

Rechnen mit verschiedenen Rechenarten, Aufgaben mit Klammern

1 Ordne jedem Bild die passende Gleichung zu! Rechne und prüfe!

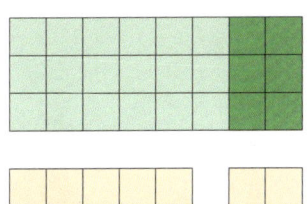

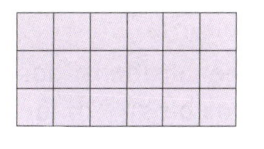

2 · 5 + 4 = ☐☐☐

3 · (6 + 2) = ☐☐☐

2 · (5 + 4) = ☐☐☐

3 · 6 + 2 = ☐☐☐

2 a)

5 · 5 + 25

9 · 7 − 63

48 + 8 · 6

81 + 9 · 9

Wie heißt die Regel?

b)

72 : 3 + 76

75 : 5 − 15

216 − 78 : 6

113 − 91 : 7

L: 0,
0,
50,
96,
100,
100,
150,
162,
203

3 a)

6 · (15 + 25)

(52 + 44) : 4

5 · (95 − 67)

(55 + 32) : 3

b)

210 : (123 − 53)

4 · (125 − 75)

640 : (114 − 34)

7 · (245 − 215)

Wie heißt die Regel?

L: 3, 8, 24,
29, 140,
200, 210,
250, 240

4 a) Addiere zum Produkt von 5 und 20 die Zahl 250.

b) Subtrahiere 112 vom Produkt der Zahlen 7 und 32!

c) Dividiere 150 durch das Produkt von 5 und 3!

Tierrekorde

1 Sprecht über die Angaben in der Tabelle! Erkundet, wo die Tiere leben!

Tierart	Rekorde
Säugetiere	Die Giraffe ist das höchste Landtier der Welt. Das bis zu 4 m lange und 700 kg schwere Tier kann bis zu 6 m hoch werden. Ein Riesenkänguru wird etwa 1,6 m lang und 120 kg schwer. Es kann aber bis zu 13,5 m weit springen.
Vögel	Der größte Vogel ist der Strauß. Er kann bis zu 2,75 m hoch werden. Mit etwa 160 kg ist er aber so schwer, dass er nicht fliegen kann. Der schwerste flugfähige Vogel ist die etwa 19 kg schwere Riesentrappe.
Fische	Der größte Fisch ist der Walhai. Er kann bis zu 14 m lang und 1300 kg schwer werden. Der kleinste Fisch ist die nur rund 9 mm lange Zwerggrundel.

2 Löse die Aufgaben mit Hilfe der Tabelle!

a) Ergänze!

Das schwerste Tier ist _____. Das höchste Tier ist _____.

Das längste Tier ist _____. Das kleinste Tier ist _____.

b) In welchen Räumen könnte eine Giraffe (ein Strauß) stehen?

_____

_____

c) Welches Tier ist etwa 4-mal so schwer wie du?

_____

_____

d) Wie viel Meter weiter als du kann das Riesenkänguru springen?

_____

e) Wie groß ist der Gewichtsunterschied zwischen dem Strauß und der Riesentrappe?

_____

f) Wie groß ist der Längenunterschied zwischen dem kleinsten und dem größten Fisch?

_____

g) Ein Kängurubaby ist nur rund 2,5 cm lang und etwa 1 g schwer. Um das Wievielfache kann es in seinem Leben größer und schwerer werden?

_____

→ **SB** S.106/107

Dreiecke und Kreise

1 Verbinde Punkte zu Dreiecken! Zeichne immer alle Möglichkeiten ein!

a) Dreiecke mit gleich langen Seiten

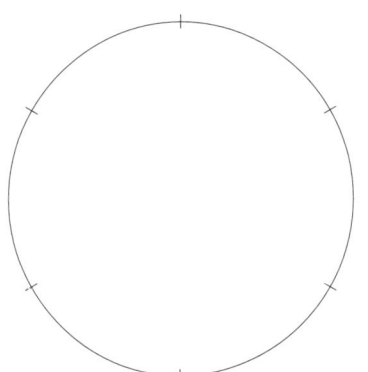

b) Dreiecke mit einem rechten Winkel

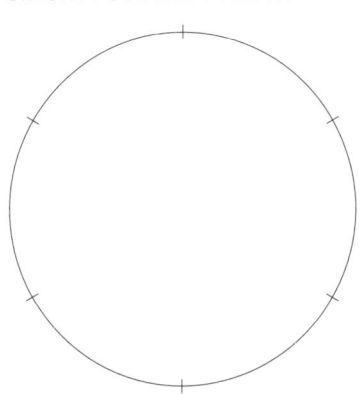

c) Dreiecke mit zwei gleich langen Seiten

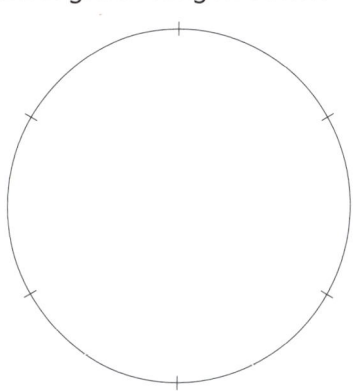

d) Vergleiche die Lösungen miteinander! Was stellst du fest?

2 Ergänze die Tabelle!

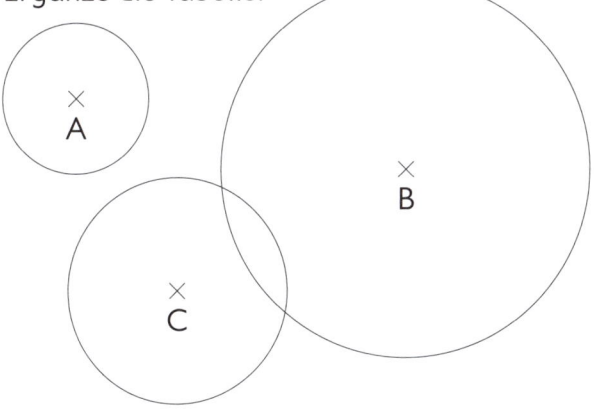

Kreis um Punkt	Länge des Radius	Länge des Durchmessers
A		
B		
C		

3 Zeichne Kreise um den Punkt M mit Radien der Länge 1 cm, 1,5 cm, 2 cm, 2,5 cm, 3 cm, 3,5 cm!

×
M

4 Setze das Muster so fort und färbe es ein!

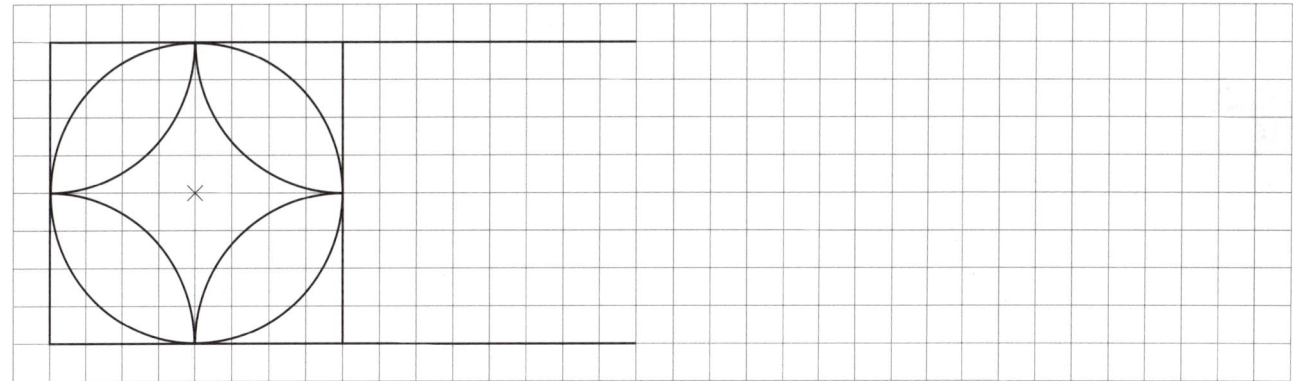

Parallelogramme

1 Ordne die Vierecke zu!

 A  B  C D E  F

a) Figuren mit 4 rechten Winkeln: _____   b) Figuren mit genau 2 rechten Winkeln: _____

c) Figuren mit 4 gleich langen Seiten: _____

d) Figuren mit genau 2 gleich langen Seiten: _____

e) Figuren mit genau 2 zueinander parallelen Seiten: _____

f) Figuren, bei denen alle gegenüberliegenden Seiten parallel zueinander sind: _____

g) Figuren, bei denen die gegenüberliegenden Seiten gleich lang sind: _____

2 Ergänze die Figuren zu Parallelogrammen!

a)
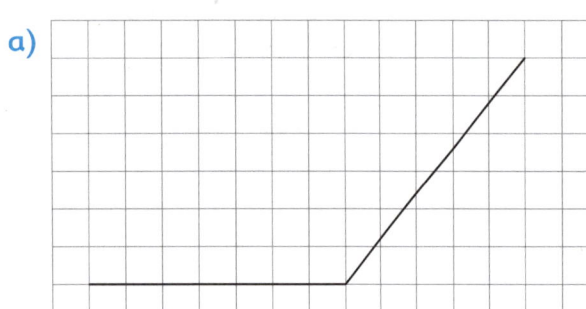

b)
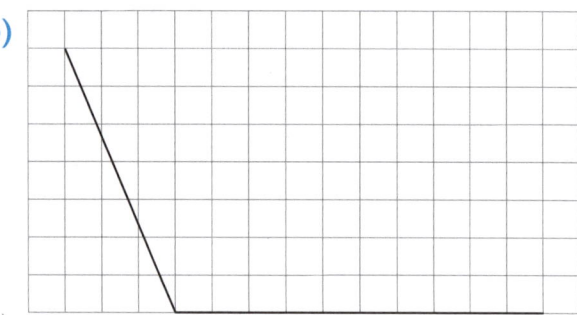

c)
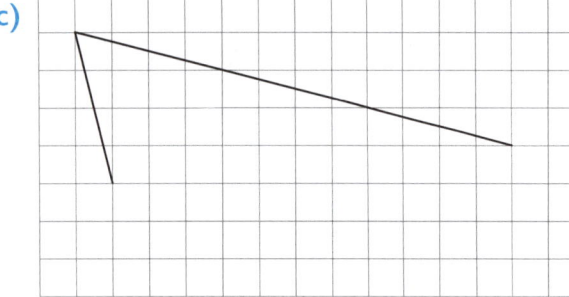

d)

3 Markiere bei jedem Viereck die Mittelpunkte der Seiten! Verbinde die Punkte in jedem Viereck zu einem kleineren Viereck! Beschreibe die entstandenen Vierecke!

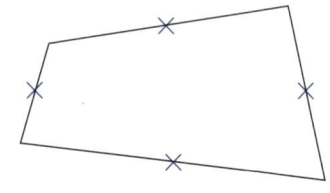
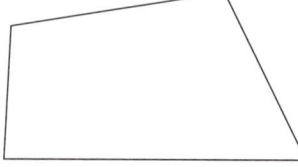
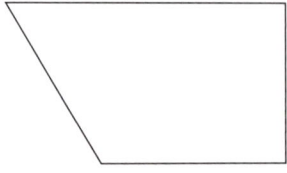

_____

_____

Vergrößern und Verkleinern

1 **a)** Vergrößere die Figuren, indem du sie in das große Gitternetz zeichnest!

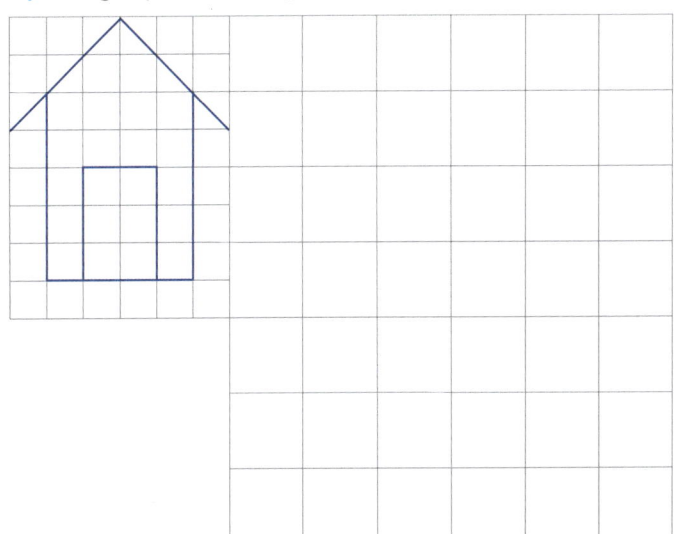 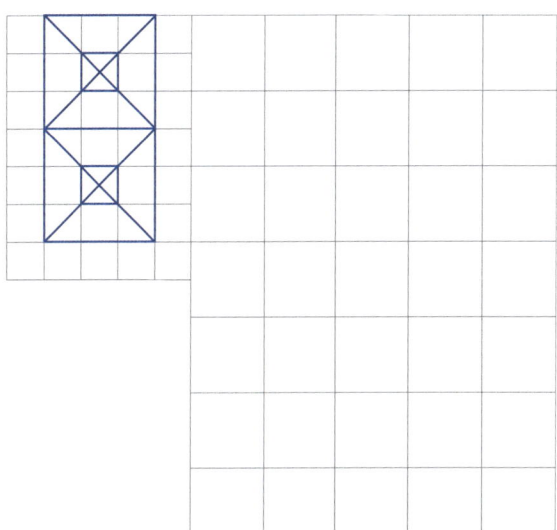

b) Bestimme immer die Höhe und die Breite der großen und der kleinen Figur!

	kleine Figur	große Figur
Höhe		
Breite		

	kleine Figur	große Figur
Höhe		
Breite		

2 **a)** Verkleinere die Figuren, indem du sie in das kleine Gitternetz zeichnest!

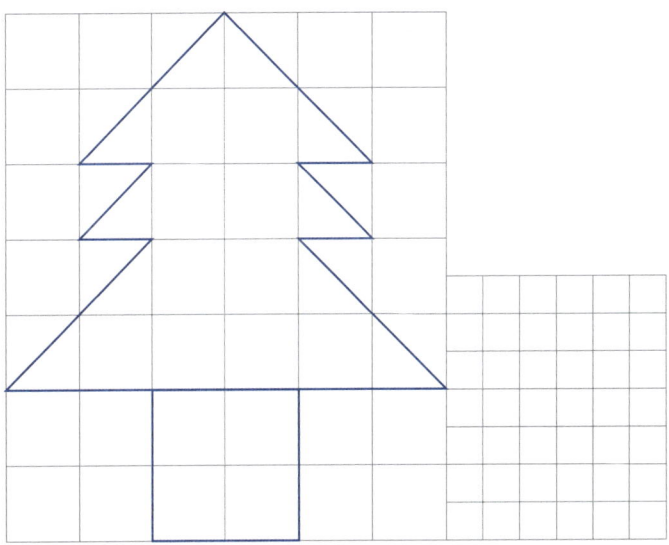 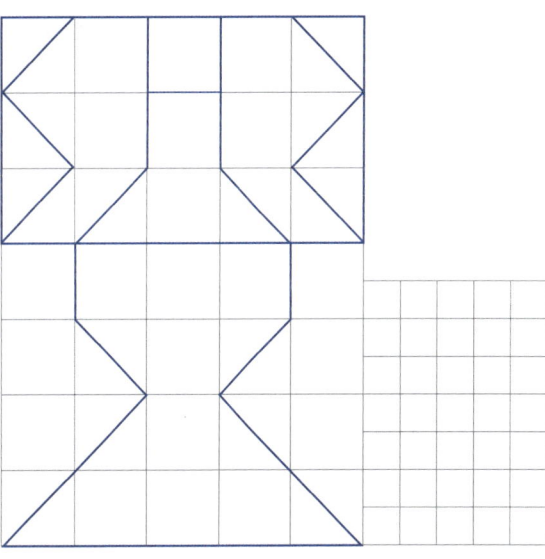

b) Bestimme immer die Höhe und die Breite der großen und der kleinen Figur!

	kleine Figur	große Figur
Höhe		
Breite		

	kleine Figur	große Figur
Höhe		
Breite		

c) Vergleiche die Messergebnisse von Aufgabe 1 und 2! Was stellst du fest?

_____

Vergleichen von Flächen

1 **a)** Vergleiche die Flächen, indem du sie mit den kleinen Dreiecken deines Legematerials auslegst!

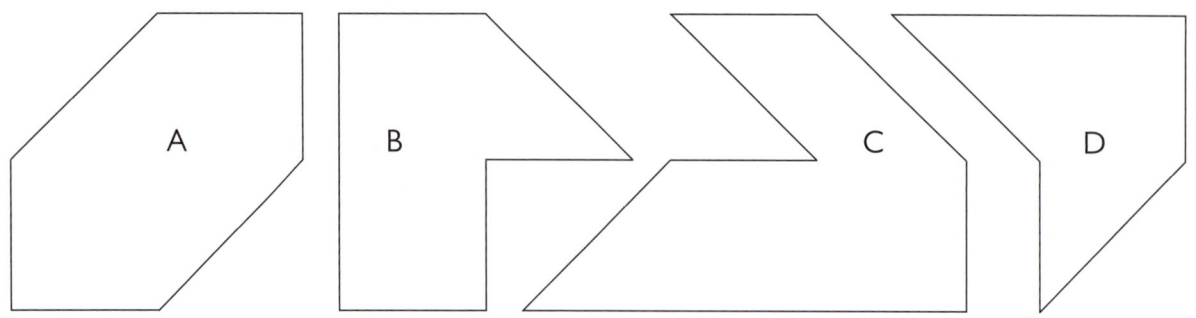

b) Ordne die Flächen nach der Größe! Beginne mit der kleinsten! _____

2 **a)** Vergleiche die Flächen durch geschicktes Zählen der Kästchen!

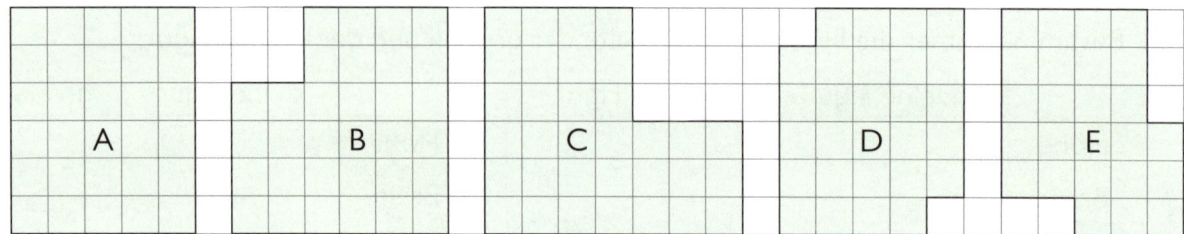

b) Ordne die Flächen nach der Größe! Beginne mit der kleinsten! _____

 **3** **a)** Vergleiche die Flächen, indem du sie in kleine Quadrate zerlegst!

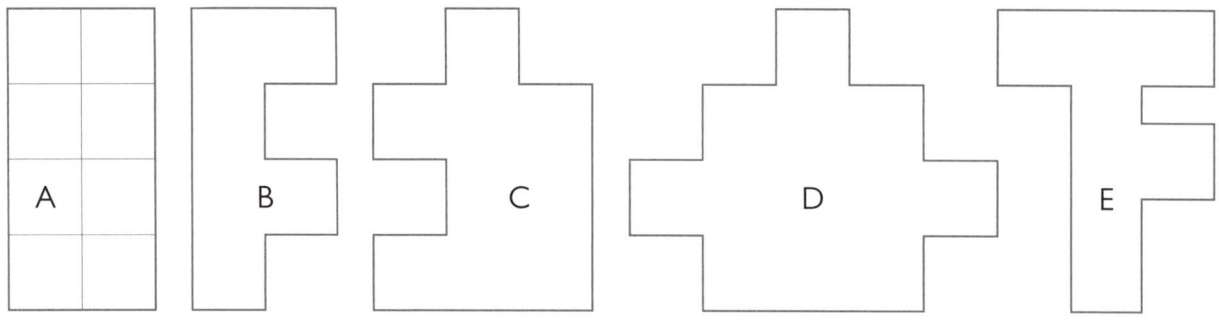

b) Ordne die Flächen nach der Größe! Beginne mit der kleinsten! _____

4 **a)** Zeichne Figuren mit gleich großen Flächen!   **b)** Zerlege jede Figur in Fünflinge!

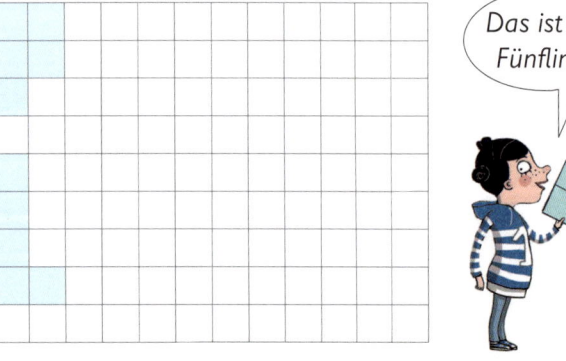

Das ist ein Fünfling!

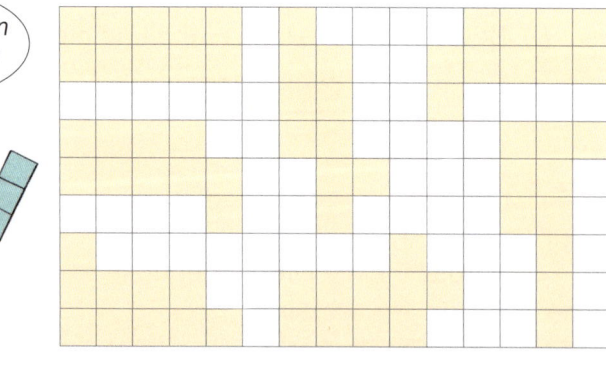

Achsensymmetrische Figuren

1 Stelle den Spiegel an die obere Figur!
Zeichne immer ein, wo der Spiegel stehen muss, damit die unteren Figuren entstehen!

a) 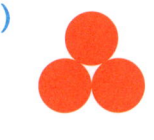 b)  c)  d) 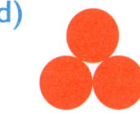 e)

 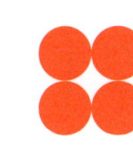 

2 Tim hat mit 2 kleinen Quadraten und 2 kleinen Dreiecken eine symmetrische Figur gelegt.
Lege und zeichne verschiedene symmetrische Figuren mit diesen 4 Teilen!

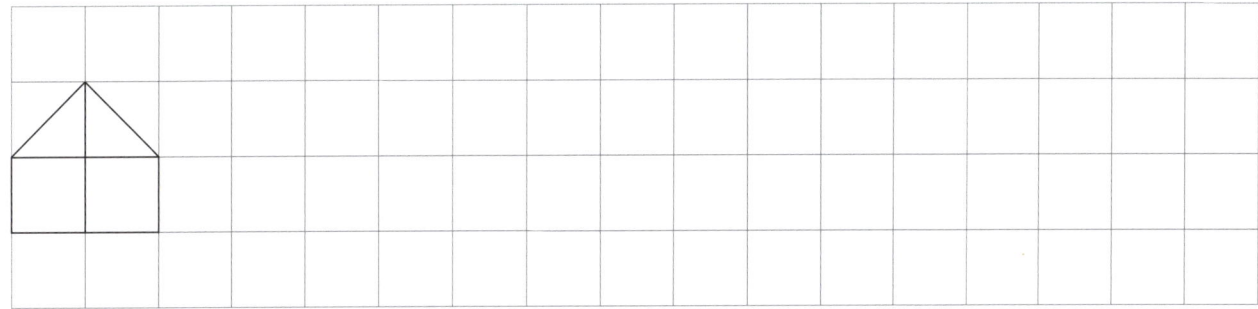

3 Welche Figuren sind symmetrisch? Kreuze an und zeichne alle Symmetrieachsen rot ein!

A ◯ B ◯ C ◯ D ◯ E ◯

    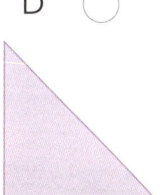 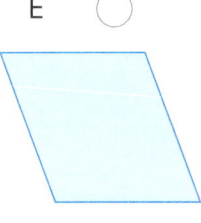

4 Ergänze symmetrisch!

a)

b)

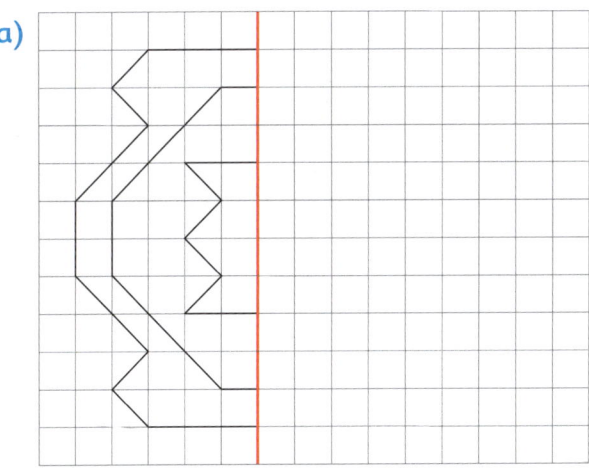

Parkette

1 Zeichne die Parkette weiter! Färbe benachbarte Flächen unterschiedlich!

a)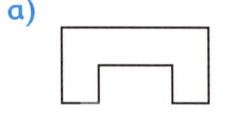

b)

2 Zeichne Parkette mit diesen Figuren!

a)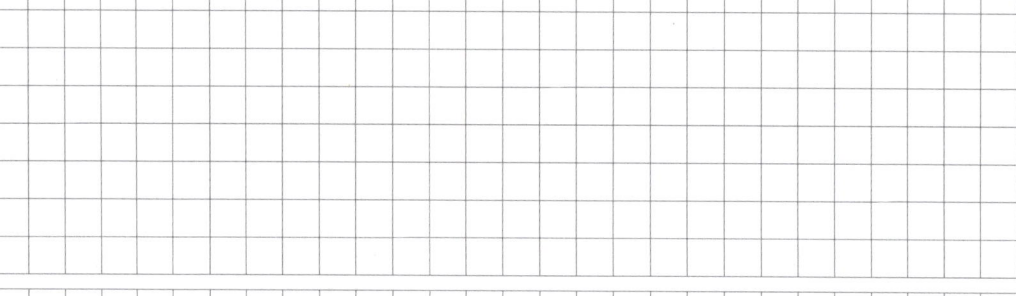

b)

c)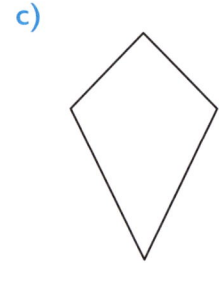

→ **SB** S.116

Schriftliches Multiplizieren

1 Überschlage zuerst, dann rechne! Vergleiche dein Ergebnis mit dem Überschlag!

a) $312 \cdot 3$ Ü: 900 $242 \cdot 2$ Ü:
   936
   V: $936 \approx 900$

b) $265 \cdot 3$ Ü: $193 \cdot 4$ Ü:

   V: V:

c) $86 \cdot 8$ Ü: $147 \cdot 5$ Ü:

   V: V:

Gibt es nur einen richtigen Überschlag?

L.: 484, 688, 735, 772, 788, 795, 936

2 a) $422 \cdot 2$ $175 \cdot 4$ $219 \cdot 3$ $99 \cdot 9$

b) $379 \cdot 2$ $8 \cdot 116$ $499 \cdot 0$ $7 \cdot 86$

L.: 0, 602, 622, 657, 700, 758, 844, 891, 928

3 a) $409 \cdot 2$ $7 \cdot 122$ $3 \cdot 309$ $97 \cdot 6$

b) $222 \cdot 4$ $6 \cdot 150$ $250 \cdot 4$ $8 \cdot 88$

c) $0 \cdot 999$ $248 \cdot 3$ $2 \cdot 499$ $68 \cdot 7$

Berechne die Differenz aus der drittgrößten und der drittkleinsten Lösungszahl!

L.: 0, 476, 488, 582, 704, 744, 818, 854, 888, 900, 927, 998, 1000

4 a) Ein Faktor ist 9, der andere 29. Berechne das Produkt!

b) Verdopple 246!

c) Addiere zu 147 den Vorgänger und den Nachfolger der Zahl!

Schriftliches Multiplizieren

1 Berechne: das Doppelte von 426,

das Fünffache von 169,

das Dreifache von 97,

das Vierfache von 249,

das Sechsfache von 78,

das Zweifache von 408!

2

a) Der Förderverein der Grundschule am Stadtpark stellte für die neue Lernwerkstatt 500 € zur Verfügung. Für das Geld wollen die Kinder vier Regale zu je 69 €, drei Spiele zu je 29,50 € und zwei Verkehrsschilder-Sets zu je 65 € kaufen. Reicht das Geld? Überschlage zuerst, dann rechne genau!

b) Sprich mit deinen Mitschülern darüber, was ihr für 500 € kaufen würdet!

3 < oder > ? Vergleiche nur durch Überschlagen!

a) $225 \cdot 3 \bigcirc 868$

$178 \cdot 4 \bigcirc 421$

$336 \cdot 2 \bigcirc 601$

$157 \cdot 5 \bigcirc 399$

b) $6 \cdot 123 \bigcirc 523$

$2 \cdot 456 \bigcirc 1000$

$3 \cdot 335 \bigcirc 871$

$4 \cdot 199 \bigcirc 800$

c) $9 \cdot 83 \bigcirc 72 \cdot 8$

$3 \cdot 321 \bigcirc 256 \cdot 2$

$8 \cdot 48 \bigcirc 84 \cdot 4$

$2 \cdot 476 \bigcirc 99 \cdot 7$

d) $6 \cdot 62 \bigcirc 87 \cdot 5$

$7 \cdot 116 \bigcirc 98 \cdot 6$

$4 \cdot 159 \bigcirc 83 \cdot 9$

$3 \cdot 208 \bigcirc 64 \cdot 7$

4 Welche Fehler haben die Kinder beim Rechnen gemacht? Berichtige!

Linus:

$2\,8\,9 \cdot 3$
$6\,6\,7$

Marie:

$5 \cdot 1\,7\,1$
$5\,5\,8$

Sebastian:

$2\,6\,2 \cdot 3$
$6\,1\,8\,6$

Mia:

$4\,0\,7 \cdot 2$
$8\,0\,4$

Paul:

$4 \cdot 2\,1\,9$
$8\,4\,6$

→ **SB** S.119/120

Rechenmuster

1 Rechne stets die 1. Aufgabe! Sieh dir die folgenden Aufgaben an! Was vermutest du bei den Ergebnissen? Rechne dann! Was stellst du fest?

a) 37 · 3 | 37 · 6 | 37 · 9

b) 74 · 3 | 74 · 6 | 74 · 9

c) 37 · 3 | 74 · 3 | 111 · 3 | 148 · 3

185 · 3 | ___ · 3 | ___ · 3 | ___ · 3

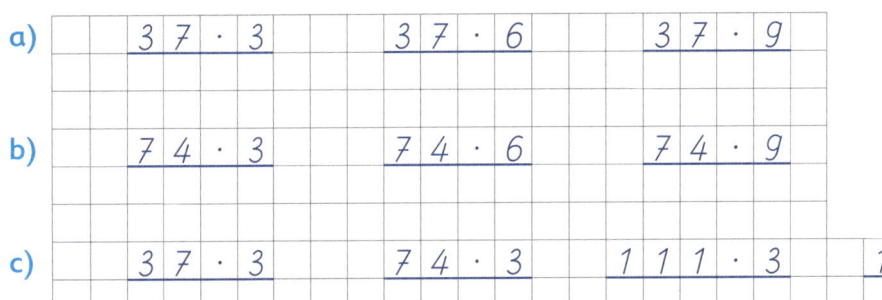

Wer kann schon weiter rechnen?

2 Rechne! Male die Ergebnisfelder im „Fünfhunderterfeld“ aus!

109 · 5 | 182 · 3 | 278 · 2

111 · 5 | 167 · 3 | 85 · 6

197 · 3 | 75 · 8 | 128 · 4

173 · 3

291 · 2

589 · 1

				535	536				
			544			547			
			554			557			
				565	566				

3 Rechne! Beschreibe die Rechenmuster!

Was stellst du fest?

a) 124 · 8 | 248 · 4 | 496 · 2

b) 96 · 8 | 96 · 4 | 96 · 2

c) 9 _ · 2 = 192 | 9 _ · 2 = 384 | 8 _ · 2 = 768

Multiplizieren und Dividieren mit Kommazahlen

1 Das Faultier kann am Boden bis zu 2,44 m in einer Minute laufen.  Die Gartenschnecke kann in einer Minute 0,08 m laufen.  Die Riesenschildkröte kann in einer Stunde 0,270 km laufen.

a) Wie weit laufen das Faultier und die Gartenschnecke in einer halben Minute?

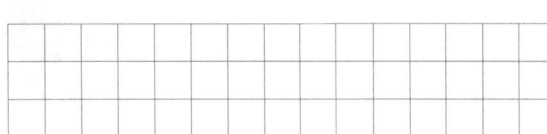

b) Wie weit laufen das Faultier und die Gartenschnecke in 2 Minuten (5 Minuten)?

c) Wie weit läuft die Riesenschildkröte in einer halben Stunde (in 2 Stunden)?

d) Welches der Tiere läuft am schnellsten?

2 Rechne mit deinem Rechenweg! Du kannst auch verschiedene Rechenwege probieren.

a) 4,90 m : 2 = ☐ m   6,03 m : 3 = ☐ m   0,85 m : 5 = ☐ m

b) 2,5 km · 4 = ☐ km   0,08 cm · 92 = ☐ cm   6,002 km · 6 = ☐ km

c) 5,67 € · 8 = ☐ €   0,82 € · 5 = ☐ €   14,25 € : 3 = ☐ €

d) 1,44 kg : 3 = ☐ kg   0,125 kg · 4 = ☐ kg   0,64 kg : 8 = ☐ kg

L: 0,08   0,17   0,46   0,48   0,5   2,01   2,45   4,10   4,75   7,36   10   36,012   45,36

→ **SB** S.122/123

Zufallsexperimente

1 **Experiment:**
Wie viele sinnvolle Wörter kannst du bilden?

a) Du hast drei Karten mit den Buchstaben I, S und E.
Ziehe nacheinander die Karten, ohne hinzuschauen, und lege sie nebeneinander. Ist die
Wahrscheinlichkeit größer, dass dabei mehr sinnvolle Wörter als nicht sinnvolle Wörter
entstehen? Was vermutest du? Begründe deine Meinung!

_____

_____

b) Führe das Experiment mindestens 10-mal durch! Schreibe deine Ergebnisse auf!

_____

_____

c) Vergleiche die Ergebnisse mit deiner Vermutung!

_____

_____

d) Vergleiche deine Ergebnisse mit den Ergebnissen der anderen Kinder! Sprecht darüber!

2 **Experiment:**
Welcher Buchstabe tritt am häufigsten auf?

a) Stelle dir vor, du schreibst alle Namen der Wochentage auf.
Was vermutest du? Welcher Buchstabe wird in den Namen
der Wochentage am häufigsten auftreten:
A, G, M, N, O, S oder T? Begründe deine Meinung!

_____

_____

b) Führe das Experiment durch! Schreibe zunächst die Wochentage auf!
Fertige dann eine Strichliste mit den Buchstaben A, G, M, N, O, S und T an!

_____   _____   _____

_____   _____

c) Vergleiche die Ergebnisse mit deiner Vermutung.

_____

_____

_____

Station 1 Tabellen

·	3				
70		350			
80		640			
90			360		
				540	

Station 2 Zeitangaben

Tage	h
1	24
3	
	120
2	
	96
6	

h	min
1	60
2	
4	
8	
10	

min	s
1	60
	180
	360
	540

Suche dir Stationen aus!

Station 3 Längenangaben

a) Wandle um!

5 cm = ☐ mm

300 mm = ☐ cm

4 m 3 cm = ☐ cm

260 mm = ☐ cm

1 km = ☐ m

b) Gib für jede Länge ein Beispiel an!

_____

_____

_____

_____

_____

Station 4 Rechnen mit Kommazahlen!

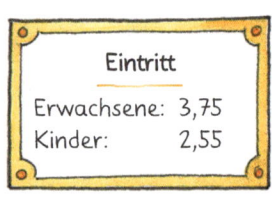

Eintritt
Erwachsene: 3,75
Kinder: 2,55

Streichelzoo

Wie viel Geld müssen 4 Erwachsene und 3 Kinder insgesamt bezahlen?

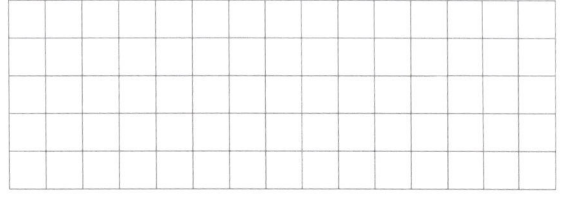

Station 5 Muster und Figuren

a) Wie viele Dreiecke enthält diese Figur?

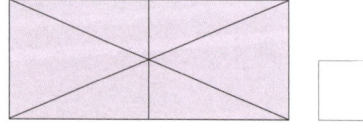

b) Zeichne selbst ein Muster und zähle Figuren!

→ SB S.126

Das kann ich schon!

1 a)

5	6	·	1	0		
8	0	·	3	0		
	9	·	7	0		
	3	·	5	5		
1	0	·	6	8		

b)

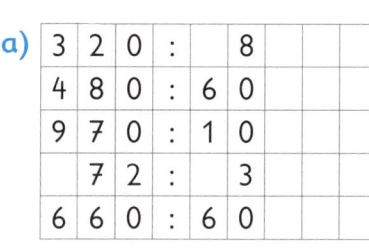

480
10 · ☐
☐ · 80
☐ · 2
60 · ☐

c) Bilde Rechenmuster!

☐ · ☐ = 200
☐ · ☐ = 200
☐ · ☐ = 200
☐ · ☐ = 200

2 a)

3	2	0	:		8		
4	8	0	:	6	0		
9	7	0	:	1	0		
	7	2	:		3		
6	6	0	:	6	0		

b)

8
320 : ☐
☐ : 70
☐ : 100
720 : ☐

c) Bilde Rechenmuster!

☐ : 1 = ☐
☐ : 10 = ☐
☐ : 100 = ☐
☐ : 1000 = ☐

3 a)

Ü:
1 6 4 · 4

Ü:
2 4 7 · 3

b) Überschlage und rechne!

115,75 € · 8

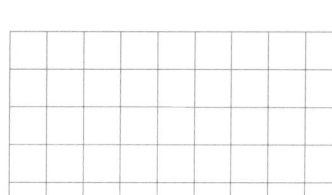

c) Frage!
Rechne!
Antworte
mündlich!

1,75 € je kg

4 a) Wandle um!

480 min = ☐ h

2 Tage = ☐ h

360 s = ☐ min

4 h = ☐ min

b) Ordne die Zeitspannen!

$\frac{1}{2}$ Tag   90 min   360 s

480 min   2 Tage

_____

_____

c) Wie lang könnten 2 Jahre
sein? Kreuze an! Begründe!

◯ 729 Tage

◯ 730 Tage

◯ 731 Tage

◯ 732 Tage

5 a) Zeichne ein Quadrat
mit der Seitenlänge
2 cm!

b) Zeichne ein Quadrat und
genau in die Mitte einen
Kreis!

c) Ergänze!
Jedes Quadrat ist auch ein

_____

_____

_____

Alle 4 Rechenarten, auf Fehlersuche

1

a) **+ 150**

300	
715	
478	
	660
	240

b) **− 220**

570	
400	
618	
	110
	90

c) **· 4**

70	
120	
14	
	60
	404

d) **: 5**

100	
175	
600	
	40
	101

2 <, > oder = ? Überlege gut oder rechne im Kopf!

a) $48 \cdot 7 \bigcirc 350$
$516 - 99 \bigcirc 421$
$810 : 3 \bigcirc 271$
$945 - 96 \bigcirc 854$

b) $275 + 418 \bigcirc 418 + 275$
$938 - 516 \bigcirc 938 - 526$
$712 + 120 \bigcirc 122 + 712$
$634 - 412 \bigcirc 636 - 414$

c) $60 \cdot 85 \bigcirc 85 \cdot 60$
$800 : 4 \bigcirc 800 : 2$
$90 \cdot 12 \bigcirc 13 \cdot 91$
$600 : 6 \bigcirc 300 : 3$

3

a) $147 \xrightarrow{+\ 276} \boxed{} \xrightarrow{-\ 318} \boxed{} \xrightarrow{\cdot\ 7} \boxed{} \xrightarrow{:\ 5} 147$

b) $993 \xrightarrow{:\ 3} \boxed{} \xrightarrow{+\ 97} \boxed{} \xrightarrow{-\ 234} \boxed{} \xrightarrow{\cdot\ 5} 970$

c) $64 \xrightarrow{\cdot\ 8} \boxed{} \xrightarrow{-\ 243} \boxed{} \xrightarrow{+\ 571} \boxed{} \xrightarrow{:\ 8} 105$

d) $99 \xrightarrow{+\ \square} \boxed{} \xrightarrow{:\ \square} \boxed{} \xrightarrow{\cdot\ \square} \boxed{} \xrightarrow{-\ \square} 100$

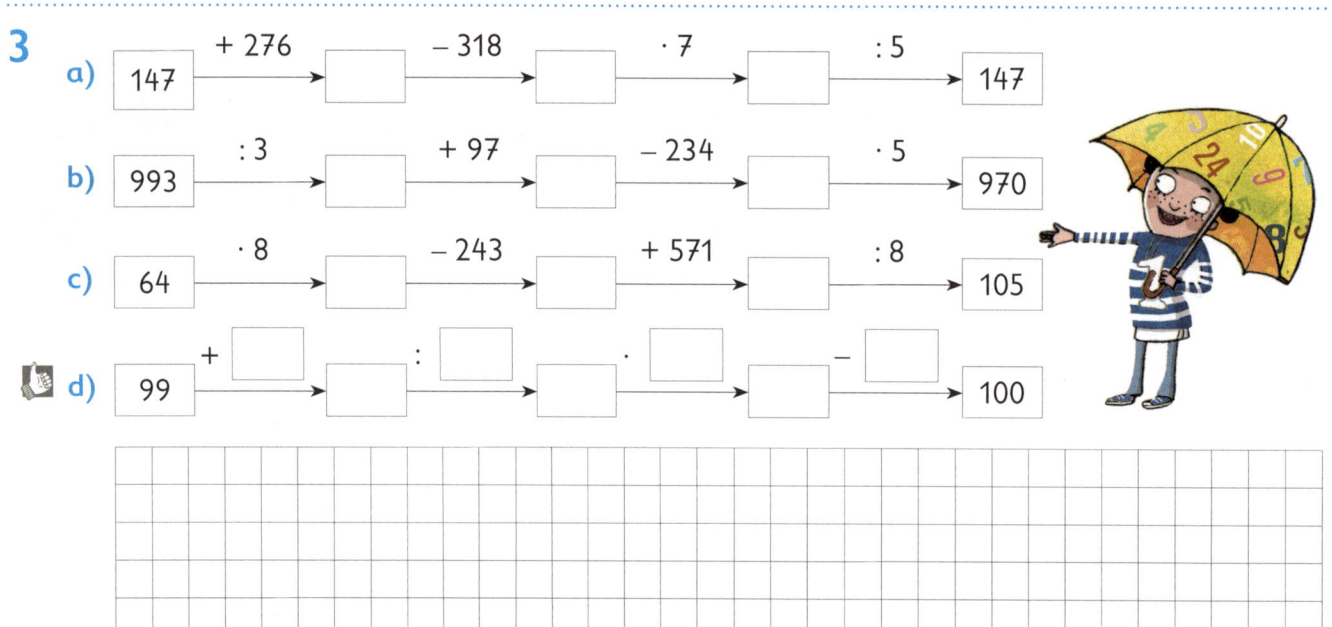

4 Lea und Max haben beim Rechnen einige Fehler gemacht. Finde und berichtige sie!

Lea:

```
   428        375        726
 + 218      + 219      + 187
   648        594        803

  45 · 4     71 · 8     39 · 9
    160        548        351
```

Max:

```
   634        740        416
 - 204      - 315      - 209
   434        435        207

  96 : 4     85 : 5     345 : 3
      24         15          105
```

→ SB S. 130/131

Zauberquadrate

1 Ergänze zu Zauberquadraten!

a)

44	49	
	45	
	41	

Zauberzahl ____

		12
	30	42
		36

Zauberzahl ____

80	180	40
60		
		120

Zauberzahl ____

	125	

Zauberzahl ____

b)

2	28	30	8
24	14		18
	22		10
		6	

Zauberzahl _____

14	25	24	
19			
15	20		18
26	13	12	23

Zauberzahl _____

25		35	22
	27	28	
			32
			23

Zauberzahl _____

---

2 Stelle zu den vorgegebenen Zauberzahlen und zu einer deiner Lieblingszahlen Zauberquadrate zusammen!

a)

	90	
	50	
		60

Zauberzahl 150

Zauberzahl 900

Zauberzahl 750

Zauberzahl ____

 b)

3			12
	21		
	33	30	
39			48

Zauberzahl 102

Zauberzahl 680

Zauberzahl _____

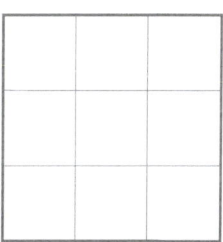

Kann jede Zahl eine Zauberzahl sein?

→ **SB** S.132/133

Mathematik und Kunst

1 Ergänze das Kreismuster! Male die Kreisringe mit verschiedenen Farben aus!

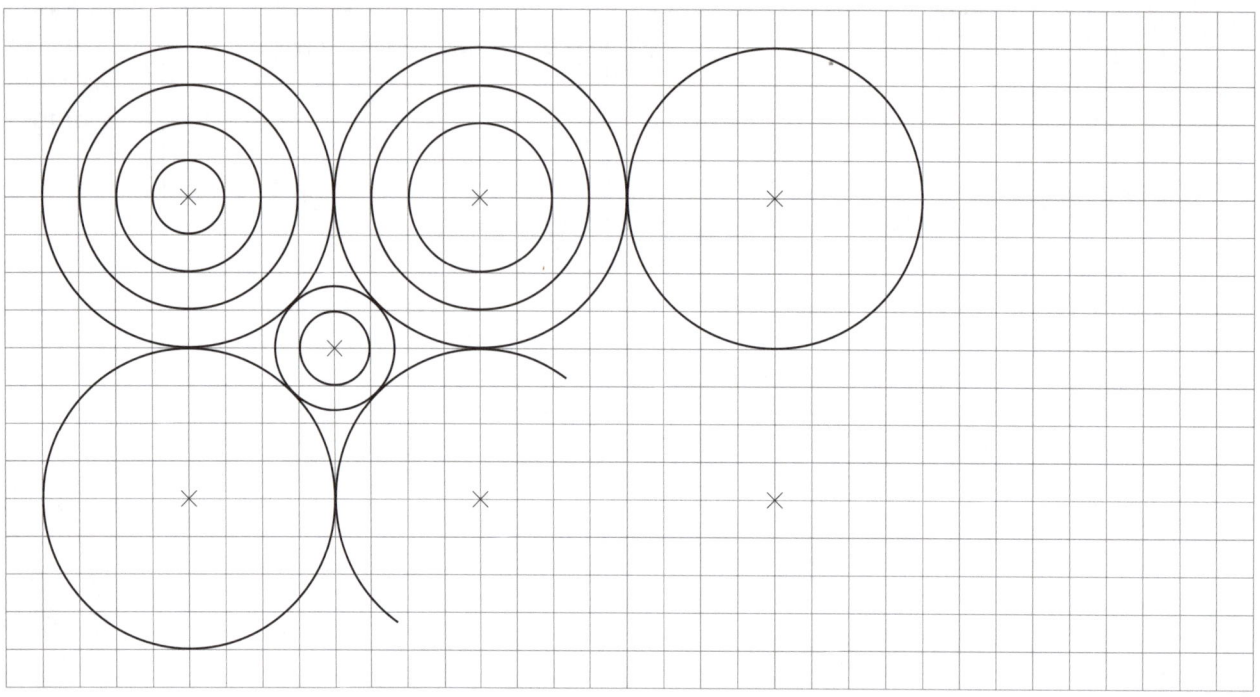

2 a) Male die Quadrate und Dreiecke in verschiedenen Farben aus!

b) Ergänze ein Muster, das nur aus Quadraten oder Dreiecken besteht!

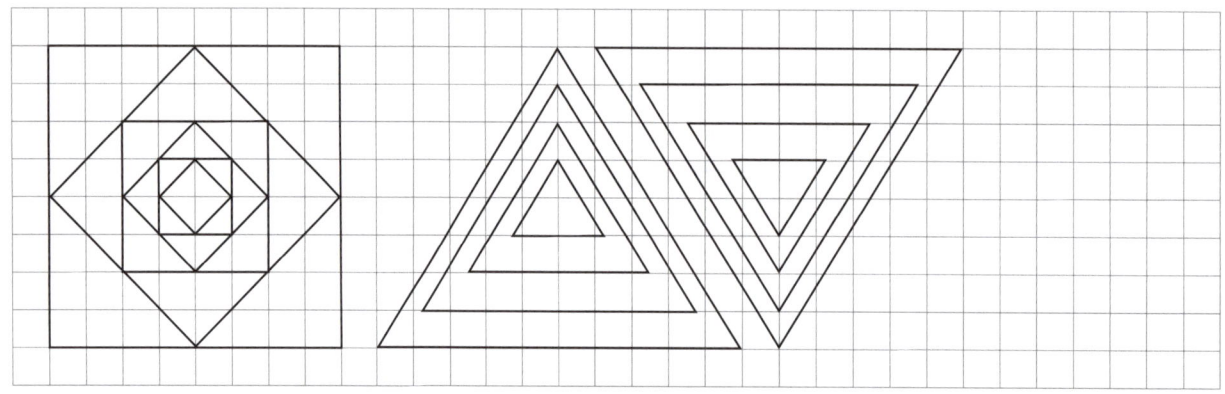

3 Ergänze das Fischmuster frei Hand! Male farbig aus!

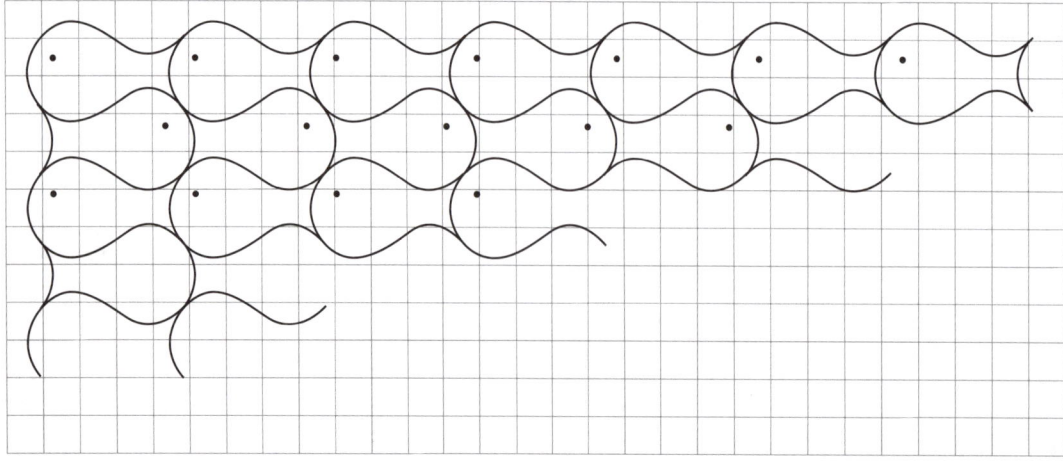

Ich nutze eine Schablone.

→ SB S.134/135

Auf Entdeckungsreise durch unser Land

Suche im Atlas die Orte, Flüsse und Berge!

1 Seebrücken auf der Insel Usedom

Seebrücke	Länge
Ahlbeck	170 m
Heringsdorf	500 m
Bansin	285 m
Zinnowitz	315 m

a) Gib jeweils eine Strecke aus deiner Umgebung an, die etwa so lang ist wie

– die kürzeste Seebrücke der Tabelle: _____

– die längste Seebrücke der Tabelle: _____

b) Ergänze den folgenden Text mithilfe der Tabelle!

Die älteste Seebrücke Deutschlands ist die 170 m lange Brücke in _____ .

Sie wurde 1898 gebaut und ist damit _____ Jahre alt. Die längste Seebrücke auf der Insel

Usedom wurde 1995 gebaut. Die _____ m lange Brücke ist _____ Jahre alt.

2 Flüsse in Mitteldeutschland

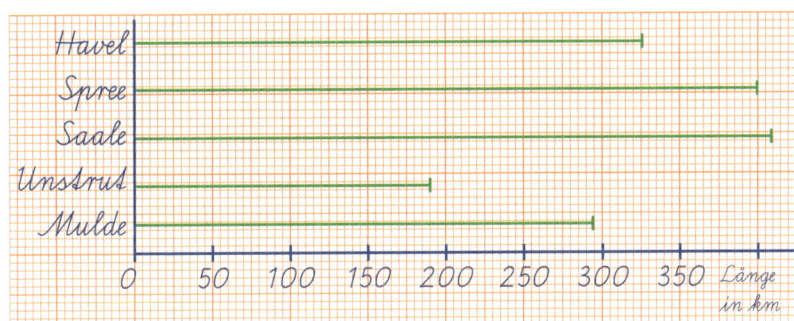

a) Ergänze die Tabelle!

Fluss	Ungefähre Länge
Havel	
Spree	
Saale	
Unstrut	
Mulde	

b) Welcher Fluss ist ungefähr halb so lang wie die Spree?

_____

3 Höhe von Bergen im Elbsandsteingebirge

Berge	Höhe
Bastei	305 m
Wachberg	496 m
Großer Winterberg	556 m
Kaiserkrone	351 m

Finn fertigt zur Tabelle ein Diagramm an:

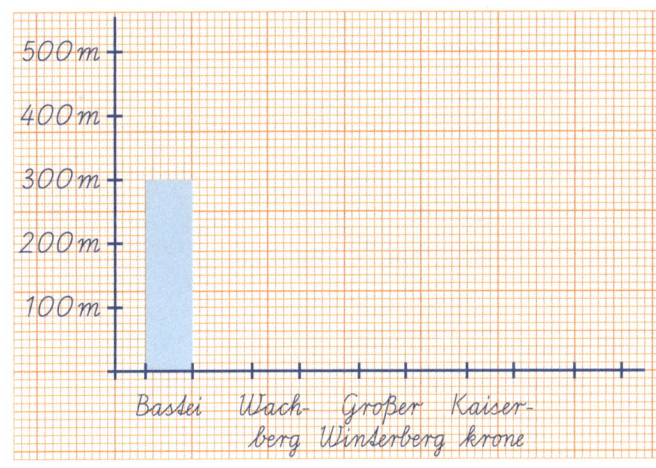

a) Ergänze Finns Diagramm!

b) Ergänze in der Tabelle und im Diagramm den 312 m hohen Königstein!

Inhaltsverzeichnis